중국의 기업문화

중국의 기업문화

리우쩬화(劉劍驊) 지음, 장범성 번역

들어가는 말

중국과 한국의 선린관계는 정치 · 경제 · 문화 각 방면에서 괄목할 성장을 거두고 있다. 1990년대 초, 두 나라가 수교를 맺은 이래 각 영역에서의 우호적인 협력관계는 확대일로에 있으며, 특히 경제와 무역 영역에서 매우 두드러지고 있다. 두 나라는 투자보호와 운수방면에서도 비록 정도의 차이는 있지만 각종의 협정을 맺고 있다. 이후 두 나라의 경제 및 무역에서의 협력은 무한한 잠재력을 갖고 있다고 말할 수 있다.

최근 한중 두 나라 기업의 상호 투자는 매우 활발해서 한국은 이미 중국의 3대 투자국이 되었다. 2007년 말, 한국기업이 중국에 직접 투자한 금액은 38억 7천만 달러에 달하며, 4만 7천 여 개의 한국기업이 중국에 세워졌다. 동시에 한국에 투자한 중국기업도 점차로 증가하여 2007년 말, 중국은 한국에 190개의 기업을 세웠으며, 직접 투자액은 9억 6천만 달러에 달한다.

한국의 투자자가 중국이라는 거대한 시장에 진입하려면 자금의 투자방향과 운영, 기업의 경영과 관리, 인원의 사용과 활용 등이 모두 중국의 투자환경과 잘 맞아 떨어져야 한다. 때문에 중국시장, 중국기업, 중국의 소비자와 관계를 맺게 되는 한국 투자자에게 있어서 중국기업의 현황,

중국기업이 위치해 있는 지역의 문화환경, 기업자체의 문화환경, 기업의 법률제도를 이해하는 것은 매우 필수적인 사항이라 할 수 있다. 이 점이 바로 이 책의 집필 동기이다.

이 책은 기업의 문화환경, 기업문화와 내부 관계, 기업의 법률제도 환경 등 세 부분의 내용으로 구성이 되어 있으며, 중국 문화환경, 지역 간의 문화적 차이, 기업의 내부 관계 및 이 점이 기업문화에 미치는 영향, 기업이 준수해야 할 법률적 환경 등의 문제를 다루고 있다. 기업의 문화, 문화의 환경이나 배경 등과 같은 주제는 포괄하는 내용이 매우 광범위해서 각종 문제에 다 관련이 된다. 이 책에서 우리가 소개하고 있는 것은 아쉽지만 제한된 각도와 제한된 영역의 내용이다. 하지만 한국의 투자자 및 중국 투자환경에 대해 관심 있는 한국인들에게 자그마한 도움이 되었으면 한다.

2008년 8월

저자 리우젠화(劉劍驊)

차례

| 第二篇 | 기업문화 및 내부관계

| 第三篇 | 기업제도

第一篇
중국기업의 문화환경

第一章 중국 각 지역의 문화환경
第二章 지역별로 본 인문적 특징
第三章 기업이 직면하고 있는 시장경쟁 환경
第四章 외국인이 직면하게 되는 중국인들의 심리

중국은 면적이 유럽의 총면적과 같으며, 32개의 대행정구(大行政區)로 나뉘고, 56개의 다양한 민족들이 살고 있으며, 각종 유형의 기업들이 존재하고 있다. 지역별 · 민족별 · 기업의 유형별로 복잡한 인정(人情)과 대인관계들로 얽혀있어서 중국 특유의 문화현상을 만들어내고 있다. 이들 문화현상은 바로 중국기업들이 생존하고 발전해 가는 인문 · 지리적 환경의 토양이 되고 있다.

第一章 중국 각 지역의 문화환경

一. 중국인의 문화수준이 기업 발전에 미치는 영향

1949년 신중국 건설 이후, 각 도시와 농촌에서 시행된 문맹퇴치 운동과 수십 년간 실시되어 온 9년 의무교육제, 개혁개방 후 다시 실시된 대학입학 연합고사, 고등교육의 강화 등의 조치로 인해 중국인들의 교육수준과 문화수준은 점차로 상당한 수준으로 제고되어 왔다. 농촌의 예를 들면, 1988년부터 금세기 초까지 중국 농민들의 문맹 혹은 반문맹인 숫자는 현저하게 줄어들어 문맹률이 24.8%에서 7.7%까지 내려갔다. 중학교 졸업 수준의 사람들은 30.4%에서 48.9%로 증가하였으며, 고등학교 수준의 학력 소지자는 6.9%에서 9.7%까지 증가하였으며, 전문대학 이상의 학력 소지자는 0.5%에서 2.6%로 늘어났다. 하지만 농민 전체를 놓고 볼 때 문화적 수준은 여전히 낮은 편이어서 농촌의 취업 인구 가운데 초등학교 학력 수준이 38.8%, 중학교 수준이 29.1%, 고등학교 수준은 단지 4.6%에 그쳤다. 게다가 현재 기업들 중에서 건축업 · 생산업 · 고도의 과학기술이 필요하지 않은 업종 대부분의 노동자들은 전국 농촌 각지에서 온 인력들이다.[1]

중국 서남쪽에 위치한 광동성(廣東省)은 중국 개혁개방의 전진기지이며, 가장 최초로 시장경제 정책을 실시한 곳이기도 하다. 이 지역은 홍콩에 인접해 있다는 지리적 여건을 갖추고 있으며, 신회(新會, 신후이) · 학산(鶴山, 허샨) · 개평(開平, 카이핑) · 매주(梅州, 메이져우) 등 화교(華僑)들의 고향이 위치해 있는 지역이기도 하다. 많은 광동사람들이 세계 각지에 흩어져 살고 있으며, 많은 국가에서 자신들의 기업을 소유하고 있다. 신화사(新華社) 보도에 의하면 중국에는 약 300여 만 명의 화교들이 자신들의 고향인 매주(梅州, 메이져우)를 떠나 세계 60여 개 국가에 흩어져 살고 있다고 한다. 개혁개방 후 많은 화교들이 매주(梅州, 메이져우)로 돌아와 투자를 하고 공장을 짓는 등 화교 자본이 현지 경제 발전의 중심축의 하나가 되었다. 1979년 이래 매주(梅州, 메이져우)의 삼자기업(三資企業:

1 苟穎萍『試論小康社会建設中的農民素質』, 青海經濟信息網 2006. 06. 29

중국기업, 외국과 합작기업, 외국 단독 투자기업)은 이미 1,600개나 되었으며, 외자(外資) 유치는 18억 달러에 이르렀다. 이 중 화교 자본이 50% 이상을 점하고 있다. 일찍이 홍콩의 중화총상공회(中華總商工會) 회장을 역임하였던 김리래(金利來, 진리라이) 그룹의 이사장인 曾選梓(정쉬엔즈)는 1983년부터 매주(梅州, 메이저우)에 투자하였는데, 그가 투자한 금액은 이미 중국 인민폐(人民幣) 2억여 원(한화 약 300여억 원)에 달하였다.[2]

개혁개방 이후 홍콩의 기업과 각국의 화교들이 광동지역에 투자를 시작하여 각종 사업을 벌이기 시작하였다. 이로 인해 광동사람들은 개혁개방 후 최초로 시장경제를 접하는 그룹이 되었으며, 이 지역은 중국 최초로 제일 먼저 부유해지기 시작하였다.

광동지역의 경제발전에 따라 많은 광동인들이 기업을 만들고, 토지와 가옥을 임대해 주면서 돈을 벌었으며, 젊은이들은 대학을 졸업하지도 않고 자신들의 고향에서 괜찮은 직업을 갖게 되었다. 심지어 어떤 이들은 자신의 회사를 창업해서 돈을 벌기도 하였다. 그래서 다수의 젊은이들이 대학진학을 포기하고 직장을 찾거나 창업대열에 뛰어들었다. 하지만 학력이 낮아서 생기는 각종 문제가 몇 년 후 서서히 나타나기 시작하였다. 阿浩(아하오)는 바로

---

2 新華網廣東頻道 http://www.gd.xinhuanet.com/newscenter/2004.02.09/content_1593922.htm

이러한 전형적인 예에 속하는 사람이다. 아하오의 아버지는 중학교 교사이다. 평생을 열심히 가르쳤지만 돈은 그다지 벌지 못 하였다. 아하오는 1991년 고등학교를 졸업하였는데, 당시 19살이었다. 그는 대학에 진학할 생각이 없었다. 대학을 다녀봤자 아버지같이 별 희망이 없다는 생각이 들어 광동성 순덕시(順德市)의 한 페인트 공장에 취직하여 일반 생산직 직공이 되었다. 그는 공장이 창업되면서 들어간 회사였기 때문에 사장과 마찬 가지로 창업에 관련된 인물이 되었다. 아하오는 일을 열심히 하고 회사를 위해 온 정성을 바쳐 결국 사장이 매우 신임하는 직원이 되었다. 몇 년 후 그는 영업부의 매니저가 되었다. 이 당시 회사는 이미 연간 판매액이 인민폐 수억 원에 달하는 대기업이 되어 있었다. 회사는 경쟁력을 더욱 강화하기 위해 상당한 전문지식이 있고 외국기업에서 일한 경험이 있는 직원을 초빙하여 회사의 관리 능력을 제고시키고자 하였다. 이때부터 아하오의 문제점이 나오기 시작하였다. 그는 학력수준이 낮아서 회사 발전에 발맞추어 자신도 발전시킬 수 있는 기초가 부족하였다. 단지 경험과 감각에 의지해서 업무를 추진하여 왔던 것이었다. 그 결과 회사 발전에 대해 자신의 견해와 아이디어를 낼 수 없었다. 다른 부서의 부장들과의 수준 차이도 점차 뚜렷해지기 시작하였다. 아하오와 같은 예는 현재 광동성의 많은 기업에서 보편적으로 존재하고 있다. 결국 아하오는 결단을 내려 회사를 그만두고 현재 북경의 어느 대학 경영학과 예비과정에서 공부하고 있다.

문화나 교육수준을 그다지 중시하지 않았던 연유로 인해 광동지역의 기업들은 현지 및 외지에서 온 학력 수준이 낮은 노동력을 투입시켰는데, 다수는 단지 초등학교 혹은 중학교를 졸업한 사람들이어서 육체노동이나 반복되는 생산직 업무, 예를 들면 봉제업 · 판넬 · 페인트 · 벽돌 등 건축재료 업종이나 전기제조 업종 등에 주로 종사하고 있다. 이들 가운데 회사의 기술수준 향상이나 기업관리 등의 업무에 대처할 수 있는 능력을 갖추고 있는 인력은 그다지 많지 않았다. 이러한 노동력 구조는 결국 광동기업들이 위에서 언급한 단순 제조업에 집중될 수밖에 없는 결과를 낳았다.

아하오는 북경에 도착한 후 자신이 다니는 경영학과 예비과정에서 공부하고 있는 사람들이 자신을 제외하고는 전부가 대학을 졸업하였고, 또 어떤 이는 석사과정까지 마친 사람들임을 발견하였다. 아하오는 몇 년 동안 축적된 페인트 관련 지식과 영업 관련 경험 이외에는 아무 것도 알지 못하였다. 인문학적 소양이나 자연과학의 필수적인 전공지식도 없었으며, 기업 관리의 경영이나 시스템에 관련된 지식은 더더구나 없었다. 그야말로 우물 안의 개구리였던 것이었다. 하지만 북경과 상해와 같이 문화적 전통이 강한 지역에서는 상황이 광동지역과는 확실히 다르다. 북경지역 사람들의 교육수준이 비교적 높은 주된 이유는 다음과 같다.

첫째, 북경인들은 전통적으로 교육을 중시해 온 경향이 강하다. 북경은 중국의 수도이다. 원(元)나라 때부터 줄곧 정치 · 경제 · 문화의 중심지였다. 북경인은 교육을 중시하고 박식한 견문과 높은 수준의 교양을 자랑으로 삼아왔다. "독서 무용론"을 외치던 문화혁명이 끝난 다음 해인 1977년, 중국은 대학입시 제도를 부활시켜 북경은 대학 숫자가 가장 많은 도시가 되었다. 그 때부터 오늘날까지 북경의 중 · 고등학교나 초등학교 학생들의 가장(家長)들은 중국 전체에서 가장 노력하면서도 가장 힘든 계층이 되었다. 아이들이 유치원에 들어가면 곧바로 영어 과외를 시키거나 악기 · 미술 등을 배우기 시작하며, 초등학교나 중학교는 일류학교를 다녀야하며, 고등학교는 말할 것도 없이 가장 좋은 명문에 넣으려고 애를 쓴다. 그래야만 좋은 대학에 들어갈 수 있기 때문이다. 방과 후나 주말에는 대학생이나 중 · 고등학교 선생을 과외교사로 초빙해야 되고, 혹은 아이에게 대량의 참고서를 사다 주어서 부지런히 문제를 풀게 한다. 공부를 잘 해서 좋은 대학에 들어가는 것이 아이들에 대해 부모들이 갖고 있는 가장 큰 희망인 것이다.

둘째, 북경은 위에서 언급하였듯이 대학 숫자가 가장 많은 도시이다. 북경에는 북경대학(北京大學) · 청화대학(淸華大學) · 중국인민대학(中國人民大學) · 중국법정대학(中

國法政大學)·중국이공대학(中國理工大學) 등 많은 일류 대학이 몰려있으며, 대학입시를 통해 매년 전국의 가장 우수한 인재들이 북경으로 모인다. 재학 중인 학생들은 열심히 공부해서 졸업 후 계속해서 석사나 박사과정에 진학하고자 한다. 대학 졸업생이나 석·박사 졸업생 할 것 없이 졸업 후 북경에서 직업 갖는 것을 원한다. 이렇게 해서 북경은 가장 양질의 인재들이 모이는 곳이 되었다. 1980년대 출현한 중관촌(中關村) 전자상(電子商)거리는 당시 중국 최초의 과학기술 발원지가 되었으며, 오늘날에도 이곳은 중국의 유명한 테크노 기지이기도 하다. 중관촌은 북경대·청화대·인민대·중국과학원 등 대학들이 밀집해 있는 해정구(海淀區, 하이디엔취)에 위치해 있어서 사람들은 "만약 하늘에서 벽돌이 떨어지면 돌에 맞는 사람은 박사 아니면 석사다"라는 농담도 한다.

셋째, 북경은 정부기관들의 소재지이기 때문에 높은 수준의 사람들이 몰려있는 지역이기도 하다. 1949년 오늘날의 신중국이 건국된 이래로 북경은 수도로서 국가의 주요 기관들이 기본적으로 이곳에 몰려있다. 각 부서에서 근무하는 사람들은 대학교나 연구기관에서 종사하는 사람들 이외에 가장 높은 수준의 교육을 받은 사람들이다. 이들은 국가의 정책·법률·행정 업무에 대해 상당한 지식을 갖고 있으며, 고학력을 보유한 사람들도 적지 않으며, 5·60년 대 배출된 우수한 인재들이다. 1990년대 초기에 중국정부는 정부체제 개혁을 위해 행정효율이 낮은 부서의 인원들을 정리하였다. 이들은 각각 다른 부서와 기업으로 흩어져서 기업들에 대해 일정한 영향력을 행사하는 존재가 되었다.

상해는 중국에서 가장 현대화된 도시이다. 북경과 비교해서 상해사람들은 소양 · 예의 및 행위의 합리성을 중시하는 경향이 있다. 지식과 교양에 대한 추구가 그 이면에 담겨져 있는 것이다. 상해의 경제발전 또한 세간 사람들의 주목을 받아왔다. 일찍이 1930년대에 상해는 당시 원동(遠東) 지역의 경제 중심지 중 하나였으며, 중국의 경제 분야에서 중요한 영향력을 발휘해 왔다. 중국의 개혁개방 추진과 시장경제의 발전에 따라 특히 1990년대 이후의 상해는 경제개방과 외형적 발전에 따라 국제경제와의 연계성도 매우 밀접해져서 중국에서 가장 영향력을 가진 도시 중 하나가 되었다. 이러한 과정 속에서 상해시 자체에서 우수한 인재를 많이 배출시켰으며, 다른 지역의 고등인재들도 모이게 되어 상해시 발전의 한 몫을 하고 있다.

대량의 우수한 인재들이 모여 있기 때문에 북경과 상해에서는 기업들의 발전형태가 광동지역 등 타 지역과는 다른 특징을 갖고 있으며, 전자나 금융 등 과학기술과 선진국형 기업들이 많이 모여 있다. 고등교육을 받은 인재들은 주로 외국기업이나 중국 전국의 주요 도시에 몰려있으며, 기업 발전에 중요한 역할을 하고 있다. 그러나 박사 학위 소지자들도 갈수록 많아지고 있어서 외국에서 유학을 하고 돌아온 박사들조차 직업을 찾는 것이 쉽지 않게 되었다.

二. 기업 근무자들의 상이(相異)한 문화적 배경

중국은 땅이 넓고 각 지역마다 각기 다른 문화적 전통을 갖고 있기 때문에 지역별로 독특한 문화적 특징을 갖는 경우가 많다. 게다가 오랜 기간에 걸쳐 각 지역의 경제적 수준이 달라서 지역마다 서로 다른 심리와 문화적 특징을 갖고 있다. 어떤 기업에서 직원을 뽑는데, 북경 · 상해 · 동북지역 · 광동지역 등 중국 각지에서 온 응시자들을 면접하였다. 만약 지원자들의 학력과 전공 혹은 경력이나 경험 등이 동등하다고 가정할 때 기업의 인사부에서는 어떠한 선택을 할까? 결국 지역 출신별로 이들의 특징을 먼저 파악하지 않을 수 없을 것이다.

오 선생은 2001년 호남성(湖南省)에서 북경으로 와서 전기제품을 생산하는 회사를 차렸다. 주로 전기제품을 생산 및 판매하였는데, 여러 차례에 걸쳐 부장과 일반 행정직 직원을 뽑았다. 몇 년이 지나 그는 직원고용 문제에 있어서 나름대로의 결론을 내렸다. 그는 북경 현지에 있는 친구에게 늘 "우리같이 이렇게 조그마한 회사에서는 앞으로 북경사람들은 절대 뽑지 않을 거야!"라고 다소 과장되게 이야기했다. 북경친구는 놀라서 그 이유를 물었다. 오 선생은 다음과 같이 두 가지 이유를 들었다.

첫째, 북경사람들은 눈만 높고 말만 내세울 뿐 실제로 일을 하지 않는다. 북경사람들은 어려서 수도에서 자라나서 견문이 넓고 총명하다. 정치나 사회, 경제 등 많은 문제에 대해 자기 나름대로의 견해가 있으며, 기업 발전에 대해서도 항상 자신의 견해를 낸다. 비교적 넓은 시각에서 기업의 문제점을 발견하고, 또한 기업의 미래 발전 방향에 대해서도 건의를 한다. 하지만 자신의 견해와 건의를 구체화시켜 실천안으로 만들어야 할 때에는 오히려 아이디어가 없다. 구체적으로 이를 운영하거나 실시할 능력이 부족한 것이다. 이는 많은 북경사람들의 문제점이다. 이 이외에도 북경사람들은 큰 틀에서 기업 발전의 방향에 대해 생각하는 것은 좋아하나, 자그마한 일에 신경 쓰고 자질구레한 일 하는 것은 싫어한다. 예를 들어 회사 규율을 잡기 위한 구체적인 방법을 논할 때, 이를 어떻게 세분화시키고, 어떠한 근무 제도를 확립해야 하고, 어떠한 구체적인 방식이나 절차를 통해 제도화시키고 규범화시켜야 하는 등의 문제 등에 대해서는 뚜렷한 아이디어들이 없다. 마치 자신들은 이런 자질구레한 일은 하지 않고 회사의 부장들같이 큼직한 일만 한다는 인상을 다른 사람들에게 준다.

둘째, 적지 않은 북경사람들이 지나치게 자신을 잘 났다고 생각하며, 체면을 너무 중시한다. 또한 자신은 큰 그릇이지만 어쩔 수 없이 하찮은 것 없는 일을 하고 있다고 걱정한다. 북경에서 실직을 한 사람 중 어떤 이들은 차라리 집에서 놀면서 이웃이나 친구들과 화투를 치거나 장기를 두는 한이 있더라도 자신들이 업신여기는 일은 하지 않으려 한다. 예를 들어, 거리를 청소하거나 구두를 닦는다거나 가사 도우미 혹은 건축인부 등의 노동은 하지 않으려 한다. 북경사람들은 자신들은 수도 사람이기 때문에 다른 지역 사람들보다 신분이 위인 것 같은 착각을 해서 심지어는 버스의 차장들도 자신들이 마치 그 차 안의 최고 지도자인 양 승객들에게 명령조로 이야기한다. 규모가 작은 회사에서 일하는 북경사람들은 상대적으로 급여가 적은데, 자신들은 그런 곳에서 일하는 것이 마치 체면을 손상하는 양 생각한다. 때문에 업무를 맡겨도 안심이 되지 않는다. 또한 자신의 일에 대한 불만으로 인해 종종 동료나 상사들에게 자기가 옛날에는 얼마나 잘 났으며 집안이나 부모 혹은 친구들이 얼마나 대단한 지에 대해 떠벌리는 등 일종의 보상을 받으려는 심리들이 있다.

그러나 또 다른 회사 사장인 장 선생은 이와는 다소 다른 견해를 갖고 있다. 그가 보기에 북경사람들은 비록 눈이 높고 다소 떠벌이는 경향이 있지만, 대인관계에 있어서 매우 실질적이며, 우정과 신임에 밑바탕을 둔 인간미를 중시하며, 건설적인 시각으로 사물을 보며, 자신의 이익과 사물에 대해 상해사람들처럼 그렇게 소심하게 따지지 않는 것 같다는 것이다. 장 선생은 다음과 같은 예를 들어 자신의 견해를 증명하였다.

회계사인 趙紅霞(쟈오홍쌰)는 35살 된 북경여자이다. 2002년 회사가 창업될 때 북경에서 모집한 최초의 사원이다. 장 선생은 그녀를 매우 신임하여 회사설립 초기, 각종 업무와 세무(稅務) 관련된 문제를 그녀에게 맡겼으며, 재정에 관한 부분도 그녀에게 전적으로 맡기고 처리하도록 하였다. 사장의 이러한 절대적인 신임은 그녀를 감동시켰다. 그래서 그녀는 회사일에 매우 열심이었으며, 연장근무를 하면서도 보수에 연연해하지 않았다. 그녀는 장 사장에게 아주 진지하게 "저를 이렇게 신임해주시니 저도 그 기대에 어긋나지 않도록 해야겠습니다. 불법적인 것만 아니라면 일이 아무리 힘들고 어렵더라도 끝까지 완수하겠습니다. 저는 사장님을 믿으며 또한 회사가 장차 커지면 저를 잊지 않으리라 믿습니다!"라고 말하는 것이었다.

3년 후, 회사는 상해에 자회사를 설립하였다. 장 사장이 상해에서 처음 뽑은 사원은 30세 정도의 鄭秀(정씨우)라는 여성이었는데, 그녀에게도 재무 관계 일을 맡겼다. 장 사장은 쟈오홍쌰와 마찬가지로 그녀를 매우 신임하여 많은 업무를 그녀에게 책임을 지고하도록 하였다. 장 사장은 이전의 경험에 따라 정씨우에게 근무조건이나 대우 문제에 대해 언급하지 않았다. 정씨우도 쟈오홍쌰와 마찬가지로 말을 하지 않아도 스스로 알아서 하고 있어서 자회사가 안정된 후 그 때가서 이야기해도 늦지 않으리라 생각했기 때문이었다. 하지만 3개월간의 실습기간이 끝나기 하루 전에 정씨우는 장 사장을 찾아와서 매우 엄숙하게 공식적으로 다음과 같이 몇 가지 문제를 제기하였다.

첫째, 회사가 자신을 정식직원으로 지위를 바꾸어줄 것인가?

둘째, 실습기간이 끝나면 자신의 월급은 얼마가 되는가?

셋째, 회사에 유급휴가가 있는가?

넷째, 토요일의 시간 외 근무수당은 어떻게 계산하는가?

다섯째, 자신의 휴대폰으로 업무와 관련된 전화를 하면 회사가 어떤 식으로 보충해 주는가?

쟈오홍싸와 정씨우 두 사람은 같은 상황에서도 서로 다른 모습을 보여줌으로써 장 사장은 북경과 상해지역의 문화차이가 직장인들에게도 영향을 미치고 있음을 알게 되었다.

상해는 지난 20세기부터 동서양의 문화가 교류되는 중심지 역할을 하여왔으며, 이곳에서 형성된 동서양 문화가 결합된 중국식 특유의 문화는 상해사람들로 하여금 서양문화, 특히 서양의 경제발전이 지니고 있는 시장경제 체제하에서의 합리성과 이익의 효율성을 추구하는 특징을 받아들이게 하였다. 서양문화의 영향으로 상해사람들은 중국의 그 어느 지역보다 평등 · 자유 · 법치(法治)의 관념과 가치관을 중시한다. 때문에 상해사람들이 어떤 회사에 응모할 때 자신의 권리와 이익 내지 근무조건을 따지는 것은 어떻게 보면 지극히 정상적인 현상이다. 상해사람들은 또한 매우 계산적이다. 무엇을 하든 계산이 맞는 지부터 고려해야 한다.

장 사장이 길을 가다 한 번은, 서른 남짓 된 상해 남자 둘이서 매우 진지하게 어느 곳에서부터 어느 지점까지 가는데 어떤 버스를 타야하고 그 다음 어떻게 지하철을 갈아타야 돈을 몇 푼 아낄 수 있는가에 대해 논쟁하는 것을 들었다. 이러한 일은 북경같은 북쪽 지역에서는 거의 상상도 할 수 없는 일이다. 특히 남자들은 이런 일로 신경을 쓰면 너무 속 좁은 사람이라 여긴다. 하지만 상해사람들은 자신의 권리와 이익을 중시하는 동시에 자신이 직장을 위해 마땅히 해야 할 노력을 기울인다. 그들이 보기에 권리와 의무는 대등한 것이며, 그래야만 합리적이라고 생각하기 때문이다.

중국에서 광동사람들은 기업주 입장에서 가장 만족스러운 사람들일 것이다. 광동사람들은 덥고 비가 많이 오고 구릉이 널리 펼쳐져 있는 지리 환경 속에 살고 있다. 이들은 환경에 잘 적응하고 생존력이 강한 지역적 특성을 갖고 있으며, 문화생활에 대한 요구가 상대적으로 적으며, 매우 실질적인 생활태도를 견지한다. 이러한 지역적 특성으로 광동사람들은 생활이나 업무에서도 매우 실용적인 태도와

습관을 갖고 있다.

아산은 24살 된 광동 아가씨이다. 그녀의 아버지는 큰 회사의 엔지니어링 책임자여서 수입도 많아 가정이 경제적으로 매우 여유가 있었다. 그러나 그녀의 부모나 그녀 자신도 집에 돈이 많더라도 자기 일이 있어야 하며, 백수 같은 생활을 해서는 안 된다는 생각을 갖고 있었다. 그래서 아산은 어느 회사의 고객서비스 센터에 취직하였다. 그녀는 고졸 학력이라 말단직원으로 근무하였는데, 주로 손님들의 전화를 받고 기록을 하고 회사를 방문한 손님들을 접대하거나, 혹은 윗사람의 문서를 정리하거나 사무실을 정리하는 등 짜증나고 고생스러운 일이었지만 수입은 별로였다. 하지만 아산은 그 회사에서 가장 부지런한 직원이었다. 그녀의 집은 회사에서도 꽤 먼 거리였기 때문에 그녀의 아버지가 사준 고급 승용차를 타고 매일같이 출근하였다. 그녀는 매우 성실히 그리고 세심히 아주 책임감 있게 근무하였다. 그녀 스스로도 자신은 어려운 업무를 할 능력은 안 되고 단지 이런 능력밖에 안 된다고 여겼다. 하지만 기왕에 하는 일, 잘 해야 한다는 생각을 갖고 있었다. 아산의 이러한 생활과 업무태도는 기업에서 일하는 광동 사람들의 보편적인 마음가짐을 대변하고 있다.

최근 2년 동안 코미디언 趙本山(쟈오번샨)이 출연한 텔레비전 드라마 『유노근(劉老根, 리우라오건)』이 중국 대륙, 특히 중국 북쪽지역과 중원지역에서 엄청난 인기를 끌면서 중국 동북지역의 풍토와 인정이 많은 사람들의 관심을 끌고 있다. 이 드라마는 동북지역 사람에 관한 이야기로, 중국 각지에서 동북사람들에 대해 이해하는 사람들이 점차로 많아지고 있다. 많은 사람들이 중국 동북지역 사람들은 비교적 특수한 사람들이라고 생각한다. 그들은 호탕하고, 열정적이고, 의리를 중요시하고, 친구를 위해 어떠한 위험도 무릅쓴다. 하지만 어떤 사람이 그에게 잘못을 저지르면 돌연 태도가 바뀌어 무력이 동원되고 폭력배같은 사람으로 변하기도 한다. 필자는 친구인 왕 선생으로부터 다음과 같이 동북사람들의 특징을 잘 나타내는 이야기를 들은 적이 있었다.

왕 선생은 북경에 있는, 길가에 위치한 자신의 집을 동북의 '치치하얼(齊齊哈爾)'에서 북경으로 장사를 하러 온 젊은 부부에게 세를 주었다. 이들은 채 서른이 안 된 于(위) 씨 성을 가진 젊은 부부였는데, 이들은 이 집을 자동차 부속품 가게로 활용할 작정이었다. 임차 계약을 하고 왕 선생은 집을 깨끗이 청소를 하고 다소 깨진 부분이 있는 베란다도 사람을 불러 수리를 하고, 미리 선납된 2백여 원의 전기비도[3] 무료로 이들에게 사용토록 하였다. 이런 행동들은 위 씨 부부에게 "왕 선생은 정말 좋은 사람이다"라는 인상을 심어주었다. 그래서 원래 임차 계약에는

---

3 역자 주: 일정한 금액을 먼저 우체국 등에 납입을 하고 그 금액만큼의 전기를 다 쓰게 되면 다시 돈을 납부하는 방식임.

매달 임대료를 한 번 내는 것으로 되어있었지만, 위 씨 부부는 매번 3개월 치를 한꺼번에 내었다. 뿐만 아니라 "형님! 그런 것 필요 없습니다. 우리 부부가 형님을 믿지 못하겠습니까?"라며 임대료를 받았다는 영수증도 요구하지 않았다. 한 번은 주방의 수도꼭지가 망가져서 집안 전체에 물이 흘렀다. 계약에 따르면 이는 집주인이 책임지고 수리를 하거나 교환해야 한다. 하지만 위 씨 부부는 왕 선생에게 알리지도 않고 자신이 돈을 들여 물을 빼내고 청소하고 새 수도꼭지를 사다가 교환하였다. 이 모든 것이 위 씨는 왕 선생이 자신에게 잘 해주었기 때문에 자신도 왕 선생한테 최선을 다한다는 것이었다. 하지만 수도꼭지가 문제 생기던 그 날, 물이 지나치게 많이 흘러서 연말에 가서 수도값이 너무 많이 나왔다. 왕 선생은 지난번 수도 값을 낸 영수증을 남겨놓지 않아서 계량기 수치상 언제부터 위 씨가 사용했는지를 알 수가 없었다. 하지만 위 씨는 평상시 자신의 물 사용량이 많지 않기 때문에 수도 사업국의 기록이 잘못 되었다고 생각하였다. 그는 수도 사업국이 수도꼭지가 망가진 틈을 타서 물 값을 더 계산했다고 의심하고는 수도국에게 수도 값을 깎아주지 않으면 돈을 내지 않겠다고 했다. 더 나아가 이런 요구가 받아들여지지 않으면 내년치도 내지 않을 것이며, 만약 다시 와서 수도 값을 내라고 하면 쫓아버리겠다라고 하였다. 이 사건으로 왕 선생은 동북사람들 정말 호탕하면서도 보통 거친 게 아니라는 생각을 다시금 가지게 되었다.

일 년이 조금 지난 후 위 씨의 자동차 부속품 가게의 경영상태가 좋지 않아서 그는 가게 문을 닫았다. 왕 선생은 그를 자신의 친구가 경영하고 있는 회사에 직원으로 소개하면서 "위 씨는 총명하고 능력 있는 친구라네, 의리가 강하고 성격이 좀 급한 데가 있긴 하지만, 그 사람의 성격을 충분히 이해해 주고 우호적이고 합리적으로 대해주면 틀림없이 회사를 위해서 충성을 다 할 것이다."라고 친구에게 말했다.

지역별 문화적 배경에서 보면 같은 중국 사람이라 할지라도 지역별로 가치관이나 행위 습관에 커다란 차이가 있다. 이러한 차이는 기업에서 근무하는 직장인들의 신상에서도 명확하게 드러난다. 때문에 기업주들은 직원을 뽑을 때 개인에게 영향을 주고 있는 지역별 문화습관, 일 처리 태도나 방식 등의 요소를 고려해야 하며, 업무 성격에 따라 적당한 인선을 배치해야 한다.

第二章 지역별로 본 인문적 특징

사회가 글로벌 경제 시대에 접어들고, 나라와 나라, 지역과 지역 간의 경제 교류가 매우 빈번해지고 있지만, 기업 자체가 갖고 있는 특색이나 민족 혹은 문화적 특징은 오히려 사라지지 않고 있다. 일반기업들의 기업문화나 업무스타일은 투자자와 관리자의 문화적 배경과 행위습관과 밀접한 관계가 있다. 그리고 중국의 기업투자자와 관리인들은 자신의 출생지역의 문화와 관습의 영향을 받기 때문에 그 기업들은 필연적으로 각자의 지역적 특징을 가질 수밖에 없게 된다. 때문에 중국의 기업과 기업문화를 이해하려면 기업가들의 지역 출신별 차이에서 오는 각기 다른 문화적 배경을 이해하여야 하며, 이들 기업가들이 태어나서 자란 지역의 지역적 특색이 바로 중국기업들의 다양한 문화를 형성하고 있는 것이다.

一. 북경 상인들의 특징

북경은 중국의 수도이다. 중국의 정치와 문화 중심지라는 특징 이외에 경제적으로도 개혁개방 이후 중국 현대사회에서 매우 중요한 위치를 차지하고 있다. 특히 1980년대 이후 북경은 수도라는 특수한 지위를 누리며 아시아 올림픽 및 세계 올림픽 등 대형 국제행사로 인해 대량의 자원이 집중되면서 경제가 빠른 속도로 발전하고 있다. 북경에는 각지의 투자자들이 설립한 회사 이외에도 북경 현지인들이 설립한 각종 형태의 기업들도 있다. 북경 현지의 기업과 기업인들은 다음과 같이 북경지역 문화와 풍습을 강하게 띄고 있다.

(一) 정치에 대해 관심이 많다.

광동(廣東)이나 복건(福建) 등 남쪽지역에서 처음 북경에 온 사람들은 상당수가 북경사람들이 정치나 국가대사에 많은 관심을 갖고 있고, 정치적으로 중요한 이슈에 대해 토론을 좋아하는 것에 대해 매우 놀란다. 정치에 대한 북경사람들의 열정은 직업의 구분이 없어 보인다. 국가 고위직 공무원, 기업가, 택시기사, 길거리의 노점상, 심지어는 이미 은퇴한 노인 할 것 없이 국가대사와 정세에 대해 당당하게 이야기하며, 동시에 이들 문제들로 인해 경제적 이익이 영향을 받는다 해도 정치에 대한 관심이 줄어들지 않는다.

이러한 분위기가 형성되게 된 중요한 원인은 1949년 신중국이 건국된 후, 여러 차례에 걸친 정치운동부터 문화대혁명에 이르기까지 모든 중국인들은 정치학습과 국가대사에 관심을 갖도록 강요당하였으며, 모든 사람은 사회정세에 대해 알아야만 하였기 때문이다. 그리고 북경사람들은 수도에 거주하고 있어서 각종 소식에 비교적 민감하였다. 때문에 더욱 더 이러한 일에 앞장섰으며, 정치적 감각이나 열정이 그 어느 지역보다 더 강했던 것이다. 정치적 동요나 정세의 변동이 심하고 정치운동이 많을 때 사회정세의 변화는 곧 바로 많은 사람들의 운명에 직접적인 영향을 끼치게 된다. 이러한 사실은 북경사람들로 하여금 자신들의 거주지역이 바로 정치 중심지라는 유리한 조건을 갖고 있다는 것을 깨닫게 하였고, 그만큼 국가의 정치적 동향에 커다란 관심을 갖게 하였다. 이로 인해 점차로 정치에 대한 관심이 하나의 전통이 되어 북경사람들은 진짜로 정치하는 사람처럼 정치적 감각이 뛰어난 것을 자랑스럽게 여기게 되었고, 그들의 머릿속은 항상 최신의 정치소식으로 가득 차 있어서 자신만의 독특한 정치적 견해를 갖게 되었다. 타 지역 사람들은 이에 대해 "어떤 북경사람들을 보더라도 그들의 정치적 수준은 다른 지역의 현장(縣長)급 정치 간부들의 수준보다 절대 뒤떨어지지 않는다."라고 말할 정도이며, 아울러 "북경사람들은 입을 열었다 하면 이념에 대한 이야기 천지이고, 광동사람들은 말했다 하면 온통 비즈니스에 관한 이야기다."라는 말도 덧붙인다. 이런 상황은 중국의 개혁개방 이후 20여 년이 지난 오늘날까지 그러하다. 북경사람들의 사상이나 관념이 시장경제 체제하에서 거대한 변화가 생겼다하더라도 정치에 대한 열정과 관심은 그들만의 캐릭터로서 여전히 존재하고 있다. 이러한 특징은 기업 영역에도 영향을 미쳐서 북경 출신 사업가들도 국가의 정세나 새로운 정책 또는 법률에 대해 지대한 관심을 쏟는다. 다른 기업들과 교류할 때에도 북경의 사업가들은 상대방의 문벌이나 정치적 배경을 중시하곤 한다. 어떤 기업이 정계의 유명인사와 연줄이 있다면 이 기업은 북경 사업가들 사이에서 그 영향력이 뚜렷하게 증대하기 때문이다.

작년에 필자는 친구가 소개한 변호사 사무소에서 일한 적이 있었는데, 그 사무소의 회의실과 이사장(理事長) 집무실에는 이사장이 법학계의 권위자들과 장관을 역임하였던 어떤 분과 함께 찍은 사진이 여러 장 걸려 있었다. 이사장한테 이들 사진에 관해서 물었더니 "이전에 사진 속 장관의 비서를 한 적이 있었는데, 그 당시 법계의 유명한 분들과 관련 부서의 지도층 인사들과 접촉할 기회가 많았다. 북경사람들이 정치 관계나 권위에 대해 관심이 많다는 것을 잘 아는지라 그들 유명인사나 고위인사들과 의도적으로 사진을 찍어놓았다."라는 것이었다. 그리고 지금 실제로 다른 사람들이 이런 사진을 보면 이사장이 좋은 정치적 배경을 갖고 있다고 간주해서 사업상 자신에 대해서 신뢰성을 갖는다는 것이었다.

이러한 특징으로 인하여 북경의 사업가들은 빠른 정치적 센스와 국내외 정세에 대해 멀리 내다볼 수 있는 시각을 갖고 있는 편이다. 그들은 외국의 정치와 경제 현황에 대해서도 관심을 갖고 있어서 외국회사와 교류를 할 때 상대방 국가의 지도자 선거가 정국에 미치는 영향이나 새로운 정치 · 경제 · 금융 · 외교 · 무역정책 등 각 방면의 소식에 관심을 기울인다.

(二) 거침없이 이야기하며, 진솔한 인간관계를 중시한다

많은 사람들이 북경사람을 평가할 때 가장 공통되는 사

항은 그들의 거침없는 언변(言辯)이다. 북경사람들은 말재주가 뛰어나 말을 했다하면 청산유수다. 이는 중국의 어떤 지역사람들도 따라올 수 없는 부분이다. 북경의 기업가들도 타인과 교류를 할 때 말재간이 보통 아니다. 이를 통해 자신이 갖고 있는 정치 · 경제 · 문화 · 생활 등 각 방면의 지식과 식견이 있음을 드러낸다. 북경 사업가들의 모임에서 종종 그들이 서로 앞 다투어 담론을 즐기는 것을 목격할 수 있다. 대부분의 사람들이 시국이나 업계 상황, 중앙정부나 지방정부의 정책, 기업에 대한 관리와 운용 등에 대한 자신의 견해와 의견을 극력 피력한다. 중국의 다른 지역 분위기와는 사뭇 다르다. 특히 상해의 기업가들은 북경사람들과 같은 그러한 말 재주들이 없는 편이다. 대신 그들의 모임은 종종 고상한 분위기를 연출하고, 서로 양보하며 말을 함에 있어서도 신중을 기하는 편이다.

사실 북경사람들이 어떤 좌석에서도 거침없이 이야기하는 스타일은 북경사람들의 대인관계 태도나 방식과도 연관성이 있다. 북경은 역사와 문화의 고도(古都)이다. 사람들은 대대손손 중국 전통관념 중의 많은 내용을 답습해 오며 예절과 화목을 중시해 왔다. 예를 들어 북경의 전통가옥 형태인 사합원(四合院)에는 아무런 친척 관계가 없는 여러 가구들이 하나의 정원을 중심으로 'ㅁ'자형으로 함께 거주한다. 서로가 서로에 대해 관심을 갖고 있으며, 어떤 집에 맛있는 음식이 생기면 이웃에게도 나누어 주고, 어떤 집에서 외출을 하게 되면 옆집에서 아이들을 대신 봐 주고, 또 어떤 가정에 곤란한 일이 생기면 이웃들이 함께 해결 방법을 생각해 주고, 돈이 있으면 재정적으로 도와주고, 돈이 없으면 몸으로 때워 주는 등 이러한 생활방식은 사람들 사이에 서로의 인정(人情)을 중요시하게 만든다. 비록 도시 개발로 인하여 고층 아파트들이 전통의 사합원을 대신하여 들어서고 있지만 이러한 문화적 특징과 대인관계 방식은 그대로 답습되고 있으며, 아울러 북경사람들의 일상생활이나 대인 관계에서도 북경 기업가들 사이의 교류나 협력 방식이 그대로 묻어나오고 있음을 발견할 수 있다.

오늘날 북경사람들의 일상생활이나 근무방식에서는 여전히 대인관계를 중시하는 과거 전통의 모습을 그대로 유지하고 있다. 일반적인 왕래나 사업상 협력 관계이건 북경사람들의 일반적인 형태는 우선 친구와 같은 사이로 만들어 상호간 존경하고 우호적인 관계를 만들어 놓은 다음에 업무상 협력이나 일을 추진시킨다. 그래서 북경사람 몇이서 식당에 가서 식사를 하면 더치 플레이는 하지 않고 늘 서로 돈을 내겠다고 다툰다. 이는 북경사람들이 자신은 돈이 있고 대범하다는 것을 다른 사람들이 알아주기를 바랄 뿐 아니라, 이러한 방식을 통해 자신이 다른 사람들한테 열정과 호의를 갖고 있음을 나타내고자 하는 것이다. 북경사람들이 보기에는 서로 간에 지나치게 이익에 대해 명확하게 구분하고 사소한 것을 따진다면 우호관계를 해치고 함께 일을 도모하기 힘들다고 여긴다.

북경의 기업인들은 또한 크게 떠벌이는 것을 좋아한다. 이는 자신을 드러내고 충분한 교류를 통해 서로의 거리를 좁히고 이해를 증진시키고 우호적인 협력 관계를 촉진시키고자 함이다. 만약 북경의 기업가나 상인들과 비즈니스를 하려면 이들의 크게 떠벌이는 습관을 좋아하고 존중해야한다. 이들이 중시하는 인정(人情) 위주의 대인관계를 중시하고, 당신이 나를 이만큼 존중하면 나는 당신을 더욱 더 크게 존중한다는 식의 교제를 해야 한다. 대인관계를 중시하고 인정(人情)을 각별히 여기는 것은 중국 북방의 대부분 지역이 거의 비슷하다고 볼 수 있다.

동북지역(黑龍江, 吉林, 遼寧省), 서북지역(青海, 新疆, 甘肅, 陝西省) 또는 중원지역(河南, 河北, 山東, 山西省), 심지어는 사천(四川)이나 귀주(貴州) 같은 서남 지역에서도 모두 이와 같은 관념들이 강하다. 서로간의 좋은 감정이 기초가 되어 형성된 인간관계를 가장 소중한 자산으로 보고 있으며, 설사 기업 사이의 경제 활동이라도 이들 지역의 기업가들은 적어도 표면적으로는 상해나 광동지역의 기업들처럼 명확히 경제적 이익을 우선시 하는 그러한 모습은 지니고 있지 않다.

중국 전통을 고수하는 북경 토박이들은 예절이 제일 많은 편이다. 사람을 만나면 두 손을 읍하며 인사하고, 상대방에 대한 일반 호칭인 '你(니)'보다는 존경의 뜻을 담고 있는 '您(닌)'이라는 호칭을 사용하며, "저쪽에서 오는 것이 있는데 이쪽에서 가는 것이 없으면 예의가 아니다." 또는 "인의예지신(仁義禮智信)의 도덕" 등은 북경사람들이 가장 중시하는 전통적인 가치 관념이다. 때문에 북경사람들은 사람됨이 후덕하고 실질적인 것을 매우 중요시 하며, 성실과 신용을 가장 우선시한다. 그렇지 않으면 사람들에게 무시당한다. 사업에서도 북경 토박이 기업들은 이와 같은 전통 관념을 고수하고 있다고 볼 수 있다.

(三) 정경유착의 경향이 강하며, 문화를 중요시 한다.

중국 역사에서는 관청과 밀접한 정경유착의 경제 활동이 비교적 성행되고 발달되어 왔다. 역대의 조정과 통치자들은 황제의 종실부터 일반 관리들까지 자신의 권력을 이용하여 사적인 이익을 도모하곤 하였다. 중국의 관청과 상인과의 관계는 수천 년의 봉건통치 시기를 거치면서 줄곧 "비즈니스는 필히 관청과 밀접한 관계를 맺어야만 발전과 생존할 수 있고, 중국의 관청은 필히 상인들의 활동을 통제해야 한다."라는 식의 형태를 지녀왔다. 이러한 정경유착의 형태는 공평한 계약 기초 위에서 맺어진 결합도 아니며, 시장경제가 필요로 하는 것도 아니었다. 단지 정부관리가 공권력을 이용하여 개인들과 사사로운 이익을 위한 야합 행위였다. 수천 년의 중국 역사 속에서 정경유착의 경제는 중국경제의 주요 특징으로 존재해 왔다. 진(秦)나라의 여불위(呂不韋)부터 청(淸)나라 때 산서(山西)지역의 교치용(喬致庸), 강남지역의 거부 호설암(胡雪岩) 등은 모두 관계(官界)와 복잡하게 얽힌 정경유착의 대표적인 사례이다. 국민당(國民黨) 통치 시절의 유명한 4대 가문[4] 또한 전형적인 관료자본이 만들어낸 기형적인 경제적 산물이다.

북경은 원(元)나라 이래로 여러 왕조에 걸쳐 중국의 수도였다. 관리(官吏)나 정치적 배경이 있는 사람들이 장사하는 것은 흔히 볼 수 있는 현상이었다. 관리들이 임의로 사업에 개입한다는 것이 지극히 불평등한 전횡이라 할지라도 이러한 현상은 일종의 특권층의 표시였으며, 아울러 일반 사람들도 어쩔 수 없이 그러한 것을 사실로 받아들여야 했다.

1949년, 중국대륙에 사회주의 정권이 수립된 후 국유경제가 주요 경제형태가 되었으며, 중국 전 지역에 걸쳐 완전한 계획경제 체제를 실시하였다. 毛澤東(마오져뚱)이 중국을 이끌던 시기에는 혁명의 평등주의를 추구하였으며, 게다가 여러 차례 걸친 정치운동은 계급투쟁을 핵심으로 하였기 때문에 국가의 경제건설은 그 다음 차순으로 밀렸

---

4 4대 가문이란 장개석(蔣介石) · 송자문(宋子文) · 공상희(孔祥熙)와 진립부(陳立夫) 등 4대 집안을 가리키며, 1949년 이전까지 중국이 국민당 통치를 받던 시절 전형적인 관료자본이며, 이들은 정치적 특권을 이용하여 중국경제를 좌지우지하였다.

다. 모든 물자는 계획통제 하에 이동되었으며, 비즈니스 유통을 통한 이익의 공간이 없었으며, 정경유착의 경제도 기본적인 토양을 상실하였다. 하지만 1980년 중반기, 중국의 개혁개방 초기에 계획경제는 점차 시장경제로 옮겨가고 있었다. 하지만 당시 각종 생산과 건설물자가 부족하고 자원이 모자라서 전면적인 체제개혁은 실시하지 못하였다. 국가가 전반적인 경제활동을 통제하던 계획경제 체제 하에서 실시되던 일괄구매 및 일괄판매 시스템은 점차로 이중가격제 형태로 옮겨가게 되었다. 즉, 강철재 · 석탄 · 면화 · 석유 등 공업생산이나 국민생활에 기본적으로 소요되는 물자와, 텔레비전이나 냉장고 같은 수입상품 등에는 서로 다른 두 개의 가격제를 실시하였는데, 하나는 국가가 정하는 가격이고 또 하나는 시장가격이었다. 누구든 물건을 살 수 있는 허가를 받기만 하면 국가에서 정한 가격에 산 물건을 다시 시장에 내다 팔아서 높은 이익을 취할 수 있었다. 그래서 점차 권력의 힘이 발휘되기 시작하여 정경유착 현상이 다시 출현하였다. 관리들이나 이들의 친지들은 권력이나 높은 사람들과의 관계를 이용하여 물건을 구매할 수 있는 허가증을 쉽사리 손에 넣을 수 있었다. 이들은 이런 관계를 이용하여 국가가 정한 낮은 가격으로 공급이 딸리는 물건을 사서는 다시 높은 가격으로 권력배경이 없는 민간기업이나 개인영업자들에게 팔아넘겼다. 중간에서 엄청난 이득을 챙기는 것은 당연하였다. 당시 이들은 관리브로커(중국어로 官倒, 관따오)라 불렸다. 후에 이들 중 적지 않은 이는 실질적인 물자 교역을 하지 않고 아예 권력을 통해 얻은 물자구매 허가서를 그대로 팔아넘기기도 하였다.

많은 인구가 밀집되어 있고 주요 정부청사가 들어서 있는 북경에서 정경유착 현상은 매우 보편적이었으며 또한 그 효능을 충분히 발휘하였다. 그리하여 정치나 대인관계를 중시하고 체면을 중요시 하는 북경사람들도 어쩔 수 없이 정경유착에 대해 신경을 쓰지 않을 수 없었다. 이는 자연스레 북경의 상인이나 사업가들이 정부 관리들과의 관계를 중시하는 풍조를 형성하게 되었다. 이런 사실 이외에도 북경의 적지 않은 상인들 자체가 원래 관리를 하다가 사업에 뛰어든 사람들이었다. 그들은 국가기관의 각종 요직에 있었기 때문에 과거 관리들과 맺어놓았던 관계는 그들에게 엄청난 편의를 제공하였다. 그들이 직장을 버리고 사업에 뛰어든 후, 그들은 각종 정보에 가장 정통한 상인 그룹이 되었다. 동시에 그들이 갖고 있던 인적 네트워크를 통하여 아주 쉽게 자신의 경제영역을 개척할 수 있어서 커다란 성공을 거둔 경우가 많았다.

정경유착 이외에도 북경은 거대한 인재의 보고이다. 중국에서 가장 영향력이 있고 권위를 인정받는 각종 학부와 연구기관이 몰려있어서 중국의 가장 우수한 인재들이 몰려드는 곳이기도 하다. 중국의 개혁개방 이후 대학과 연구

기관에 종사하던 학자나 지식인들이 직장을 그만두고 사업에 뛰어들었다. 그리하여 문화적 분위기가 짙은 학자형 사업가가 등장하였다. 그들은 아는 것이 많았고 동서양의 각종 문물에 대해 박식하여 상당한 수준의 문화적 소양을 갖추고 있었으며, 머리 회전이 민첩하여 판단력이 빨랐다. 이 이외에도 당시 새로 일어난 각종 민간기업 중에서 절대 다수의 경영자는 나이가 젊은 층이었다. 그들의 문화적 수준은 비교적 높아서 석사나 박사 소지자가 적지 않았으며, 외국유학을 마치고 귀국한 사람들이 창업을 할 때 우선적으로 고려하는 지역 중 하나도 북경이었다. 이들 고학력 출신의 사업가들은 문화적 소양이 높고 소식에 정통하였으며, 새로운 지식이나 첨단과학에 대한 이해가 빨랐으며, 판단력도 정확한 편이었다. 비록 나이는 젊지만 기업관리 방면의 지식을 갖추고 있었으며 시장경제 이론도 풍부하였다. 그 중 적지 않은 이들이 해외시찰이나 유학경험을 갖고 있었으며, 해외의 기업이나 연구센터에서 근무한 경력도 갖고 있었다. 또는 중국에 들어와 있는 외국기업에서 직원이나 관리자로 근무한 적이 있었기 때문에 외국기업의 선진적이고 합리적인 관리경험과 이념을 자신의 기업 경영에 응용할 수 있었다. 이들 신세대 기업가들은 문화적 소양을 중시하고, 학습과 부단한 자기 변화를 추구하였으며, 비교적 상당한 수준의 외국어 능력을 갖고 있어서 기업 관리나 운영에서 자신들의 독특한 방식을 갖고 있었다.

이와 같이 지식과 높은 문화적 소양은 현대 북경 기업가들의 중요한 특징 중 하나이다.

(四) 북경의 상인들은 체면과 형식을 중시 한다

북경에 거주하는 齊(치) 선생은 중고시장을 겨냥해서 잘만 하면 돈을 벌 수 있다는 생각이 들어 수년 간 저축하였던 인민폐 10만 원과 친구에게 빌린 수만 원을 합쳐서 중고품이나 전당잡힌 물건을 사들이는 회사를 차렸다. 치 선생은 평소 체면을 매우 중시여기는 사람이어서 회사 규모가 크지는 않더라도 외관은 그럴 듯해야 한다고 생각하였다. 그는 북경시 삼환(三環) 근처에 위치한 고급 건물을 임대해서 간판을 내걸었다. 비록 규모가 작은 회사지만 그래도 영업부 · 섭외부 · 수리부 · 경리부 등 네 부문으로 나누고 자신의 비서로 두 사람을 고용하였다. 이래야만 자기 회사가 실력이 있고 다른 사람에게도 좋은 이미지를 줄 수 있다고 생각하였던 것이었다.

하지만 치 선생만 체면을 따지는 게 아니었다. 두 달 만에 투자한 돈의 절반 이상이 나갔지만 치 선생은 비즈니스 하나 제대로 되는 것이 없었다. 왜 그랬을까? 근본적인 이유는 북경사람들이 체면을 중요시하기 때문이었다. 집안의 중고품을 내다 파는 것은 생활이 어렵다는 표시이기 때문에 체면상 그럴 수 없다는 생각을 가진 사람이 북경사람 중에는 꽤 많았기 때문이었다. 치 선생은 회사의 자금이 부족해도 체면을 구길 수 없다고 생각하여 직원들을 감원하지도 않았으며, 어디 나갈 때면 반드시 고급차를 렌트하였다. 이 모든 것이 자신의 체면을 유지하기 위한 것이었다.

중국인들의 체면 문제는 어찌 보면 일종의 관습 같지만 사실은 매우 중요한 화두이다. 이에 대해 이론적으로 토론하기란 쉽지 않지만, 도대체 중국인들이 왜 그렇게 체면을 따지는지 한번 간단히 분석해 보자. 적어도 두 가지 측면에서 살펴볼 수 있다.

첫째, 중국 전통의 문화 관념과 인생관이다. 중국은 수천 년의 봉건역사의 전통을 가진 나라이다. 역대 왕조의 중국인들은 줄곧 봉건 종법제도의 깊은 영향을 받아왔다. 봉건 종법제도는 혈연관계를 중심으로 존비를 구별하고 통치자들의 특권을 유지하는 규범체계이다. 이러한 시스템 하에서는 등급이 명확한 계층사회가 형성되었다. 집은 작은 국가와 같았으며, 가장(家長)은 바로 가정의 주재자요 최고 권위자이다. 국가는 커다란 가정과 같아서 황제는 이 집안의 가장이었다. 중국은 원시사회부터 시작된 혈연관계와 구조를 오늘날의 사회까지 유지하고 있으며, 아울러 여전히 그 영향과 흔적을 갖고 있는 나라이다. 그래서 오늘날 중국사회는 어느 정도 봉건 종법사상과 관습을 그대로 유지하고 있으며, 많은 지역에서도 집단적 혈연 가족·문파·향우회·동창회 등의 전통이 여전히 존재하고 있다.

봉건시대에는 황제(皇帝) 권력은 하늘이 내려 준 신권(神權)으로 어느 누구도 범할 수 없었다. 삼강(三綱)[5]과 오상(五常)[6]을 기본으로 하는 봉건 윤리 관념은 바로 군주의 권한과 가장(家長)의 권한 및 남편의 권한을 강조하였으며, 대인관계에 있어서 지켜야 할 기본 준칙이었다. 이런 윤리규칙은 중국인들의 인생 가치관이 되었으며, 인생의 삶은 자신을 위한 것이 아니라 타인, 특히 군주 혹은 국가를 위함이며, 윗분에게는 효도를 다하여야 하며, 조상의 명예를 드높이고 남편과 자녀를 위해서 희생하였다. 이는 가정을 위해서 자신을 바치는 것을 의미하였다. 조상에 대한 중국인들의 관념은 매우 강하여서 설사 천자(天子)라 할지라도 자신의 조상의 위패 앞에서는 무릎을 꿇고 절을 해야 하였다. 전통 관념 속에서 조상을 뵐 낯이 없는 행위는 그야말로 크나 큰 죄에 해당하였다.

수천 년 동안 형성된 이러한 윤리가치관은 중국사회에 지대한 영향을 끼쳐서 중국인들은 자신보다는 국가·사회·가정과 친구를 더 중시하는 경향이 있다. 모든 행위는 군주와 조상 또는 집안의 어른 내지 친구들에게 떳떳해야 하며, 자아존재의 가치는 상당한 제약을 받았다. 한 개인의 자아가치의 실현은 바로 국가·사회·집안 어른·친구

5 君爲臣綱, 父爲子綱, 夫爲妻綱
6 仁, 義, 禮, 智, 信

에 의해 인정을 받아야 했다. 그래서 지금도 중국문화 도처에는 사람들의 이러한 인생관이 투영되고 있다. 예를 들어, 아이를 낳는 것은 본래 자신의 후사를 번식시킬 것인가에 대한 선택에 관한 문제이다. 하지만 중국 전통의 "후사가 없는 것이 가장 큰 불효다"라는 관념 속에서는 자녀의 유무가 효도 또는 조상에 대한 면목의 문제가 되어, 본래는 완전히 개인적인 문제였던 것이 중국에서는 가정 또는 사회의 문제가 되었다. 이러한 관념의 영향으로 생명에 대한 최고의 가치는 자아실현이 아니라 최대한 사회나 다른 사람으로부터 인정을 받는 것이었다. 자신이 성공하였는지, 혹은 부유한지, 용감한지, 정의가 있는지 등은 자신의 판단에 의해 확정되는 것이 아니라 사회의 평가와 인정(認定)을 필요로 하였다. 때문에 체면을 중시하는 것이 중국인들의 가장 일반적인 정서가 되었다. 북경사람들, 특히 북경 토박이들은 오랜 세월 몇 대 왕조의 수도였던 이곳에서 예의(禮儀)의 집단 속에서 살아왔다. 따라서 그들의 행위가 중국문화의 전통 관념을 반영하는 것은 결코 이상한 일이 아닌 것이다.

둘째, 근대사에 있어서 중국의 국운이다. 중국민족은 오천 년의 역사를 갖고 있다. 세계 4대 고대문명 국가의 영광을 지녔고, 예의범절의 국가이다. 과거 찬란한 역사는 중국인들의 자부심을 한껏 드높였다. 하지만 근대에 들어와 1840년 아편전쟁의 패배로 굴욕적인 역사가 시작되었다. 중국은 이로 인해 남경조약(南京條約)을 체결하여 국토를 내주고 엄청난 액수의 배상을 하였으며, 항구를 개방하여 중국사회는 커다란 변화를 맞이하였다. 이후 1856년 제2차 아편전쟁 패배로 다시 천진조약(天津條約)과 북경조약(北京條約)을 체결함으로써 대량의 영토와 주권을 상실하였다. 1894년의 갑오(甲午)전쟁에서는 얕잡아보던 일본과의 해전에서 참패하여 중국 역사상 가장 치욕적인 마관조약(馬關條約)을 체결하였다. 1900年에는 팔국연합군(八國聯合軍)에 의해 중국의 주권이 유린을 당하였고, 배상액이 가장 큰 신축조약(辛丑條約)을 체결하였다. 이와 같이 중국 근대역사는 굴욕의 역사이며 중국인 전체가 마음 아파하는 역사시기이다. 그리고 1911년 신해혁명(辛亥革命) 이후 중국이 비록 봉건왕조를 종식시켰지만, 반봉건 · 반식민의 운명으로부터 완전히 벗어나지는 못하였다. 1949년 신정권이 수립된 후 중국은 비로소 독립적이고 자주적인 시기로 접어들었다. 하지만 개혁개방 이전까지는 정치지도자들의 사상대립과 여러 해에 걸친 정치투쟁으로 중국사회는 불안정한 상태에 처해 있었으며, 경제도 제대로 기지개를 펴지 못 하였다.

근대 시기, 이와 같이 순탄치 않은 국운은 중국이 걸어온 길고도 험난한 과정을 나타내고 있다. 극도로 쇠퇴하고 굴욕으로 점철된 빈사상태에서 다시 일어나 개혁개방을 통해 현대화로 향해가는 험준한 과정을 거치고 있는 것이다. 이 과정 속에서 중국인의 민족 자존심은 커다란 상처를 받았으며, 굴욕과 참담하였던 투쟁의 역사는 중국인들의 마음을 더욱 암담하게 하였다. 그리하여 민족과 나라의 영광을 드높이는 것이 중국 전체의 공통된 바람과 구호가 되었다. 이러한 상황에서 다음과 같은 사회적 정서가 팽배하게 되었다.

- 1981년 중국 남자배구팀은 한국과 월드컵 아시아 지역 예선에서 승리를 거두어 월드컵 대회에 참가할 수 있는 자격을 획득하였다. 그러자 북경대학 수천 명의 학생들은 환호를 하며 거리로 뛰어나가 축하행진을 벌이며, "단결하여 중화(中華)의 영광을 부활시키자"라는 구호를 외쳤다.

  어떤 이들은 중국에서 현재 가장 필요로 하는 것은 축구 월드컵 대회에서의 우승이다라면서 작금의 중국인들의 심리를 은연중에 비꼬고 있다. 왜냐하면 남자축구는 제대로 된 성적 하나 건지지 못하고 있어서 온갖 질책을 받고 있기 때문이다.
- 노벨과학상은 백 년 동안 전 세계에서 이미 30여 개 국 수백 명의 과학자들이 이 상을 수상하였다. 하지만 이들 중에는 중국 본토 과학자 이름은 한 명도 없다. 이러한 사실로 중국대중들은 노벨상에 대한 강한 정서를 갖고 있다. 매년 노벨상 결과에 대해 신문이나 인터넷상에서는 뜨거운 토론이 벌어지며, 중국 과학자가 없다는

사실에 대해 마음 아파한다.

- 사람들은 중국은 어느 건축, 어느 과학기술, 어느 경제 영역, 어느 문화 항목 또는 문화유산에서 세계 제일이다는 사실에 대해 즐거워한다.
- 중국에서 운동선수가 세계대회에서 1등을 하면 엄청난 액수의 장려금을 받는다. 이 액수는 우수한 과학자나 학자들도 평생 받을 수 없을 만큼 큰 금액이지만 사람들은 이러한 사실을 당연한 것으로 받아들인다. 중국의 영광을 빛냈기 때문이라고 생각한다.

이들 현상들은 결국 중국민족이 오랜 세월동안 빛을 발하지 못하였고 나라도 근대에 들어와 온갖 멸시와 굴욕을 당하였고, 백성들의 물질생활 수준도 오랜 기간 동안 다른 나라에 비해 훨씬 뒤처져 있었기 때문이다. 그래서 중국인들은 무엇인가 활개를 펼 수 있는 것이 필요로 하였다. 이런 민족 심리는 근현대를 거쳐 오늘날까지 지속되고 있다.

이런 민족심리는 단지 국민 전체뿐 아니라 중국인 개개인의 심리 속에서도 그대로 드러나고 있다. 반면 서양사상과 관념에 물든 사람들은 이런 면이 그다지 강하지 않은 편이다. 예를 들어 젊은 세대의 지식인들이나 상해사람들은 비교적 덜한 편이다. 하지만 일반적으로 전통적인 중국인이라면 강렬한 민족정서가 일상행위 속에서도 그대로 드러나고 있으며, 이는 다시 체면을 중시하는 풍조로 이어지고 있다.

二. 상해 상인들의 특징

상해는 중국의 수도는 아니지만 경제적 지위는 수도를 넘어선다. 중국 남북 해안선의 중심점에 위치하며, 장강(長江) 삼각주와 장강 유역의 넓은 대지를 뒤로 하고 있어서 역대로 경제발전을 위한 적지로 꼽혀왔다. 1840년 아편전쟁 때 영국군이 상해와 남경 등지를 침범하여 상해는 대외적으로 개방되고, 영국·미국·프랑스 등이 계속해서 상해에 조계(租界)를 설치하였다. 이들 조계는 중국 내의 외국이 되어 개방 후의 상해는 당시 외국인들이 중국에서 통상을 하는 주요 항구가 되었으며, 외국자본은 상해 경제의 지배자가 되었다. 동시에 양무운동(洋務運動)이 일어남에 따라 청나라 정부도 상해에 강남제조국(江南制造局)·초상국(招商局)·기계직포국(機械織布局) 등의 기업을 세웠다. 이들 국내외 자본이 들어옴에 따라 상해는 20세기 전반기에 기업의 숫자·기술·장비·공장관리 등 각 방면에서 전국 최고가 되어 중국 근대공업의 주요 기지가 되었다. 이리하여 상해는 원동(遠東)지역의 무역중심·금융중심·항운중심이 되어 뉴욕·런던·파리·베를린과 함께 세계 5대 무역도시가 되었다.

오늘날의 상해는 여전히 중국의 가장 중요한 경제 및 공업의 중심지이며, 자원·물자·상품의 생산기지이며 소비지이기도 하다. 금융·보험·내수 및 무역 회사와 서비스

기관이 몰려있으며, 많은 다국적 기업과 국내기업들이 이곳에 연구센터를 설치하고 있다. 개혁개방 이후 연안항구로서 상해는 더욱 더 많은 기업인들이 운집하여 매우 효과적으로 도시 경제가 발전하게 되어 중국 제일의 경제발전기지가 되었다.

오랜 무역전통의 국제도시 시민으로서 상해사람들은 줄곧 경제의식이 높았다. 특히 1990년대 제3산업이 흥기함에 따라 금융 · 도매 · 소매 · 음식 · 교통 · 운수 · 여행정보 등 각종 유형의 기업이 생겨났으며, 이들 기업들은 타지에서 온 것도 있고 상해 본토인이 경영하는 것도 있었다.

상해의 상인들은 중국의 다른 지역에 비해 매우 강한 지방색을 드러내고 있는데, 다음과 같은 몇 가지 면에서 살펴볼 수 있다.

(一) 독특한 상해파(上海派) 스타일

'상해파'라는 단어는 '북경파'에 대칭되는 말이다. 북경파와 상해파의 호칭은 일찍이 1930년대 중국 문단(文壇)에 등장하였다. 당초에는 상해와 북경의 특색을 대표하는 문학 · 예술 스타일에 대해서 비교하였다. 북경파의 문장은 관가(官家)의 색채를 띠고 있어서 비교적 엄숙 간결하고, 상해파는 서양문학 예술의 영향을 받아서 혁신적이고 민첩하였으며 상업적인 느낌이 농후하였다. 이러한 대비는 당시 남북지역 문화의 차이를 대변하였다.

노신(魯迅)은 일찍이 「북경파와 상해파」(원문은 「京派與海派」)라는 글을 써서 북경파는 비교적 관리의 냄새가, 상해파는 상인의 냄새가 많이 난다고 지적하였다. 당시 상해는 이미 대도시였으며, 서양의 문화와 혁명적인 사조의 영향이 많았던 곳이어서 문화적 분위기가 북경이나 다른 지역에 비해 개방적이고 참신하고 변화를 추구하였으며, 상업적인 색채가 비교적 농후하였다. 후에 상해파와 북경파는 각각 서로 다른 스타일의 문화적 차이를 일컫게 되었다.

북경파는 중국 전통문화의 원조를, 상해파는 전통문화에 대한 혁신과 동서양 결합의 산물을 대표하였다. 사실 이러한 차이는 오늘날까지도 여전히 존재하고 있다. 오늘날 사람들이 '상해풍'하면 주로 상해를 대표하는 동서양이 결합된 문화적 특색의 스타일을 가리킨다. 이러한 분위기는 경제영역의 기업가들 사이에서도 다음과 같이 뚜렷하게 드러나고 있다.

첫째, 상해는 상업적 전통을 갖고 있다. 중국은 춘추전국 때부터 통치자들이 농업을 장려하고 상업을 억제하는 정책을 써왔다. 진(秦)나라의 상앙변법(商鞅變法)에는 농업세(農業稅)는 가볍게 하고 영업세는 무겁게 하여 행정수단을 활용하여 농업인구를 증가시키고 상업인구를 제한하는 내용이 들어있다.[7] 상앙변법(商鞅變法)은 결국 진나라를 부강시키고 최종적으로 중국을 최초로 통일시키는 대업의 기초가 되었다.

중국 봉건사회의 경제기초는 자급자족의 자연경제이다. 농업생산의 상황은 직접적으로 국가와 민생에 영향을 끼쳤다. 그래서 농업입국(農業立國)은 중국 역대 통치자의 통치근간이었으며 그에 반해 공상업은 관청에 밀접하게 부속되어 있었다. 소금 · 철 · 산택(山澤) · 광산 등 중요한 업종은 정부가 직접 경영 혹은 감독하였으며, 대부분의 이익을 창출할 수 있는 업종은 관청에 의해 운영되었다.

민간 공상업자들은 생존을 위해 종종 정부가 정한 상업 규칙을 벗어나는 행위를 저질렀다. 예를 들어 투기와 사기, 물가조작 행위, 개인이 할 수 없는 상업영역에 몰래 뛰어들기 등등, 이러한 것들은 사람들로 하여금 은연중에 "간교하지 않은 상인이 없다"라는 인식을 갖게 하였다. 중국인들의 전통관념에는 성실히 농사짓는 것이 가장 존경

---

7 상앙변법은 전국시대 진(秦)나라의 진효공(秦孝公)이 상앙(商鞅)을 좌서장(左庶長)으로 임명하고 변법을 시작한 것을 가리킨다. 1차는 기원전 359년에 시작되었으며, 2차변법은 기원전 350년에 실시하였다. 변법의 주요 내용은 토지정전제(土地井田制)를 폐지하고 중농억상(重農抑商)을 실시하고 도량형을 통일하는 등 경제적 조치와 군공(軍功)을 장려하고 집권적 정치와 군사력를 강화시키는 조치였다. 노예제 방식의 토지제도를 폐지시키고 봉건토지소유제의 합법성을 부여하고, 봉건적 등급제도를 확립하여 중앙집권제를 실시하였다. 상앙변법은 진나라 경제발전과 군대전투력 증강에 크게 이바지하여 결국 중국 전체를 통일시키는 초석이 되었다.

할만한 노동이었으며, 사고팔면서 중간에서 이득을 취하는 행위를 불로소득의 대명사로 인식하였다.

근본적으로 개인들의 공상업(工商業)은 소농경제(小農經濟)를 기초로 하는 봉건사회 체제의 안정에는 위협적인 존재였다. 봉건계급 질서의 각도에서 보더라도 개인들의 공상업은 경제행위에서 발생하는 이익 분배로 인하여 기존에 존재해 오던 존비귀천(尊卑貴賤) 관계에 커다란 혼란을 가져올 수 있었다. 그래서 중농경상(重農輕商)의 관념은 중국인들이 봉건시대부터 오랜 세월을 계승해온 고정적 관념으로 자리를 잡았으며, 이런 인식은 개혁개방 이전까지 중국인들의 일반적인 견해였다. 전형적인 예로 다음과 같은 것을 들 수 있다. 중국에서 개혁개방을 막 시작했을 때 먼저 부자가 된 사람들 가운데에는 배운 것이 별로 없는 무식한 사람도 있었으며, 심지어는 죄를 지은 전과자나 사회에서 발전할 기회가 전혀 없었던 사람도 있었다. 그래서 많은 사람들이 월급이 낮은 노동자나 교사 또는 공무원이 될지언정 장사는 할 가치가 없으며, 그러한 일은 체면이 깎이는 일이라 생각하였다. 물론 오늘날에 와서는 이러한 인식은 크게 변하고 있다.

하지만 상해사람들은 중국 다른 지역과는 사뭇 달랐다. 근대에 이미 해상무역이 성행하였고 서양 각국의 발전된 시장경제의 영향을 가장 일찍 받았던 곳이 바로 상해였다. 서양인들의 중국 진출의 제일 목적은 경제적 이익이었다.

때문에 서양 각국이 중국에 진입한 후 상업행위가 상해와 같은 개방 도시에서 시작되었다. 때문에 근대중국에서 상해는 서양의 상업적 분위기가 가장 일찍 들어온 도시 중 하나였으며, 동시에 또한 외국기업과 외국 상인들이 가장 많은 항구였다. 서양 상업문화의 영향이 다른 도시에 비해 현저한 분위기로 인해 상해 상인들은 경제활동과 문화 관념의 변화에 있어서 다른 도시에 비해 훨씬 두드러진 면을 갖고 있었다. 서양 상인들의 행위방식 · 관념 등의 영향으로 상해사람들은 비교적 경제적 관념이 강하였으며, 이는 자연스레 상해지역 상업을 발전시켜 상해사람들은 중국에서 가장 일찍이 상업의식이 뛰어난 그룹이 되었다.

상해는 개방되기 이전에 이미 일정 규모의 전통적인 상업이 있었지만, 개방 이후에는 서양 각국의 상인들이 상해에 들어와 각종 점포를 열고 은행을 개설하고 공장을 짓는 등 최초의 자본주의 성격의 기업들이 생겨났다. 상해사람들도 이를 모방하여 중국 최초의 중국자본에 의한 근대기업들이 탄생하였다. 동시에 전통방식의 점포나 기업도 약국 · 백화점 등 자본주의식의 새로운 상업형태로 발전하였다. 이들 기업이나 점포의 숫자는 크게 증가하여 그 발전 속도는 중국 전체에서 가장 빨랐다. 1935년 상해 사회국(社會局) 조사에 의하면 상해시에는 이미 150여 개의 업종이 있었으며, 크고 작은 상점이 72,858개, 상업에 종사하는 인원은 44만 명을 넘어서서 전체 상해시 인구의 10%를 차지하였다고 한다.[8] 이런 상황은 상해시가 상업도시로서의 특색을 갖추기에 충분하였으며, 또한 상대적으로 낮았던 상인의 지위와 중농경상(重農輕商)의 관념을 바꾸는 토양이 되었다. 근대 이래로 상해사람들이 갖고 있는 상해파 이미지의 기초는 바로 이와 같이 타 지역보다 강한 경제관념에서 생겨나게 된 것이다.

둘째, 공평하고 합리성을 추구하는 데에 있다. 앞에서 서술하였듯이 전통적 중국사회는 계급과 인정(人情)을 중시하는 사회이다. 사람들은 각종 계급적 특권에 의해 형성된 현상에 익숙해져 있다. 그래서 관리들의 전횡이나 횡포에 대해 불만이 있더라도 어쩔 수 없는 심정으로 받아들였다. 그리고 인정(人情)과 관련된 부분에서도 고도의 관용적인 태도를 보인다. 예를 들어 중국 사람에게 "만약 당신의 친구가 죄를 짓고 당신 집에 숨어있다면 고발할 겁니까?"라고 물어보면 대다수의 중국인들은 아니다라고 대답할 것이다. 하지만 일찍부터 서양식 상업주의 문명에 익숙한 상해 상인들은 다른 지역의 중국인들보다 관념적으로 개인의 자유를 더욱 강조하고 대인관계나 기업 간의 관계에서 평등주의를 추구하며, 제도와 규범의 준수를 중시한다. 그들 대다수는 권력을 통해 이익을 추구하거나 개인의 인간적 관계로 법질서를 흐트러뜨리는 것을 바라지 않으

---

8 「上海工運志」 9쪽에서 인용, 上海社會科學院出版

며, 공정한 경쟁을 통해 공평하고 합리적인 결과가 나오는 방식을 선택할 것이다.

셋째, 서양식의 분위기를 지니고 있다. 상해는 역사적으로 서양경제와 비교적 일찍부터 접촉하였기 때문에 상해사람들은 외국인이나 외국기업과 한 지역에서 같이 공존해 왔으며, 그들은 외국인과 장사를 해야 했으며, 외국기업에서 일도하고, 외국인들의 업무나 비즈니스 방식, 생활양식 등에 대해 배우고 적응하여야 했다. 그래서 상해사람들의 생활방식이나 행위습관은 서양식 분위기가 많이 스며들어있다. 북경 등 중국 북쪽지역의 상인들이 외관에는 그다지 신경 쓰지 않고 사소한 예절은 따지지 않는 것에 비해 상해의 기업가들은 크게 다르다. 업무상이나 혹은 교제할 때 그들은 항상 의관을 단정히 하고 양복을 입고 언사나 예절에 매우 신중하며 행동을 모두 조심스럽게 한다. 비즈니스 면에 있어서도 서양의 영향을 받아서 규범을 준수하고 합리와 협력을 추구한다. 따라서 상해 상인들은 중국에서 가장 서양화된 그룹이라 할 수 있다.

중국의 많은 지역에서 외국인, 특히 서양인을 대할 때 다음과 같은 극단적인 현상이 있다. 하나는 서양을 동경하는 것으로 외국인을 신명같이 받들어 심기를 건드리지 않고 어떻게 해서든 그들의 비위에 맞추려고 하는 태도이고, 또 다른 하나는 스스로 자만심에 빠져있는 것이다. 즉, 오천 년의 역사를 가지고 있는 위대한 중국인으로서 외국인

앞에서 체면을 잃어서는 안 되고, 중국인의 존엄을 지켜야 한다는 태도이다. 때문에 의식적으로 있는 척하거나 겉치레를 한다. 또 어떤 이들은 외국인들에 대한 이해가 부족하고 대외무역업무에 대한 생소함으로 혹 그들로부터 사기를 당할까봐 아예 접근을 하지 않는다. 하지만 상당부분 서양화된 상해인은 오히려 외국인을 보통사람처럼 대하며 외국인들과 거리낌 없이 지내며 비즈니스에서도 서양식을 취하거나 국제화된 표준을 준수한다.

(二) 경제적 이익을 중시하고 전통적인 인정미가 부족하다

중국 고대문명은 황하(黃河)와 장강(長江) 유역에서 발생하여 이루어진 문명이며, 전형적인 내륙문화이다.

상해는 해변의 도시로서 중국 고대문명이 이곳까지 미치지는 못하여서, 당시만 하더라도 황량한 불모지로서 문명의 영향을 거의 받지 못하였던 지역이었다. 앞에서 이야기했듯이 상해의 진정한 번영과 발전은 겨우 청나라 말기부터로 100년의 역사이다. 외국열강들은 상해와 같은 항구도시를 영향권에 넣음으로써 중국의 무역을 손 안에 넣으려고 하였다. 그래서 대량의 외국자본과 기업들이 몰려옴에 따라 상해는 일시에 서양인 천지가 되며 무역이 발달하였다. 이러한 영향으로 서양문화는 서양경제와 함께 상해에 들어오게 되었다.

어떠한 사회이건 발전 과정 중에 한 가지 공통적인 문제

에 부딪치게 된다. 즉 자신의 민족역사와 문화전통을 지키는 문제와, 해외로부터 온 더욱 과학화되고 발전된 문명 도입에 대한 문제이다. 중국이라는 수천 년 문명의 역사를 가진 나라에서도 이 문제는 오늘날 더욱 더 부각되고 있다. 서안(西安)·북경(北京) 등 문명 고도(古都)에서는 자신들의 축적된 고대문화 전통이 그대로 남아있으며, 동시에 현대화에 따른 요구로 여하히 우수한 문화전통을 고수하면서 동시에 현대화 건설을 추진할 것이냐 하는 것이 이들 도시가 직면하고 있는 문제이다. 하지만 상해는 다르다. 상해는 전통적 문명의 영향이 척박하였던 곳이었기 때문에 서양문화가 들어오는 과정 속에서 이에 대한 거부가 적었던 곳이다. 이러한 상황 하에서 서양문화의 영향과 상업경제 분위기에 물들은 상해사람들은 사유나 행위에 있어서 중국의 전통 관념보다는 서양인의 사고방식 쪽으로 기울 수가 있었다.

하북성(河北省)의 이 선생은 페인트 회사를 경영하고 있다. 작년 6월에 상해의 어느 건축 공정(工程)의 책임자가 대학 동창인 于明(위밍)이라는 것을 듣고는 상해로 달려갔다. 동창관계를 통해 그 건축 공정의 페인트 공급상이 되어 이익을 얻고자 바랬던 것이다.

자신이 보기에는 대학 동창의 정의를 봐서라도 이 비즈니스는 틀림없이 순조로울 것이라 생각했다. 하지만 그가 상해에 도착해서 위밍을 만나 이야기해 보고는 자신의 생각이 완전히 틀렸다는 것을 알았다. 위밍이 비록 따뜻하게 이 선생을 맞이하여 식사를 대접하였지만 비즈니스 이야기에 들어가자 공은 공, 사는 사라는 식이 되었다. 일일이 하나씩 하나씩 따지면서 동창관계라 해서 별도로 편의를 봐줄 수 없다는 식으로, 페인트 공급가격에 대해서도 조금도 양보하지 않았다. 즉 경제이익을 가장 우선순위에 두고 있는 것이다. 이 선생이 당초 상상했던 식으로 동창관계를 통해 가격에서 좀 유리한 입장을 취할 수 있으리라 생각했던 것은 큰 오판이었다. 이 사실로 이 선생은 남북문화의 차이가 크며 상해사람들이 정말로 인정미가 없다는 점을 느꼈다. 동시에 그들이 계산에 빠르고 경제적 이익을 추구하고 합리적인 시장경제를 추구하는 의식은 본받을 만하다고 생각했다.

이런 사례를 통해 상해 상인들은 일찍이 서양경제 운영방식의 영향을 받아 경제행위도 다른 지역 상인들과는 다른 방식으로 움직이며, 그들 중 상당수가 중국전통에서 중시하던 의(義)와 이(利) 관념 사이의 갈등과 속박으로부터 벗어나 있음을 알 수 있다. 실제로는 자기 이익을 추구하면서 이를 숨기고, 외형적으로는 마치 아닌 척 말을 이리저리 돌리는 식의 중국 과거의 상인 스타일과는 전혀 다른 스타일의 비즈니스를 한다. 그들은 자신의 경제적 이익을 추구하면서도 나라와 사회 및 집안을 위한 전제로 의(義)와 이(利)를 동시에 추구한다. 상해의 상인들은 공개적으로 영리(贏利)가 자신이 추구하는 목표라는 것을 밝히며, 공평과 합리를 행위의 중요한 원칙으로 한다. 그들에게 있어서 잘된 비즈니스라는 것은 합리적이며 쌍방에 모두 이익에 되어야 한다는 것이지, 쌍방의 친구관계나 기타 인정관계로 인해 될 수 있는 것은 아니라는 것이다. 그들이 사업할 때 유일한 원칙과 목적은 바로 경제적 이익이며, 돈을 벌수만 있다면 평소 알지도 못한 사람들과도 신속히 하나가 되어 함께 일을 도모한다. 이는 중국의 북쪽 사람들이 먼저 친구가 된 다음 그 다음 일을 도모하는 것과는 크게 다르다.

상해사람들은 '문함정(門檻精, 솜씨가 뛰어나다는 뜻)'이라 불린다. 뜻인 즉 영리하고 계산에 빠르고, 일을 하면 절대 손해 보지 않는다는 뜻이다. 이는 바로 상해사람들이 개인의 이익과 권리를 중요시한다는 표시이다. 그들은 자신이 얻을 수 있는 것은 한 푼도 양보할 수 없다고 생각한다. 이는 일상생활 속에서 종종 자그마한 이익에 대해서도 하나하나 따지는 식으로 나타난다. 다른 지역사람들이 상해사람들을 비웃으며 종종 "옷을 멋있게 차려입은 칠 척(尺) 거구의 남자가 야채시장에서 채소 몇 단 또는 몇 푼 안 되는 돈 가지고 노점상과 싸우니 그들과 어찌 사귈 수 있냐"라는 식의 예를 든다. 이러한 의식과 습관은 비즈니스에서도 그대로 나타난다. 이익이 많건 적건 상해사람들은 자신이 얻어야 할 것은 반드시 쟁취해야 한다고 생각한다. 그래서 비즈니스 거래할 때 그들은 종종 그 방면에 전문가이기도 한다. 물건에 대해 바삭하게 파악하고 있을 뿐 아니라 명철하여 이치를 들어가면서 따진다. 그래서 중국인이건 외국인이건 상해사람을 대상으로 돈을 벌기란 여간 어렵지 않다고들 한다.

(三) 규범을 준수하는 상해 상인들

왕 선생은 1984년 중국에서 대학을 졸업한 후 미국에서 유학을 하였다. 수년간의 노력 끝에 자신의 회사를 열어서 중국과 미국 사이에서 무역을 하였다. 그는 사업차 북경(北京)·섬서성(陝西省)·복건성(福建省)·호남성(湖南省)·광동성(廣東省)·상해(上海) 등 여러 지역을 자주 왔다 갔다 했다. 필자는 그에게 각 지역의 사업가들에 대한 견해와 어느 지역 사람들이 가장 호감이 가는 지에 대해 물었다. 그러자 그는 아주 명쾌히 상해사람이라고 대답하였다. 그 이유를 묻자, 그는 "상해의 상인들은 중국에서 가장 규범을 준수하는 상인들이다."라는 것이었다.

서양의 상업문명은 일찍이 시장경제의 관념을 상해에 들여왔다. 동시에 시장운영의 규칙에 대해서도 상해사람들에게 가르쳐 주었다. 이러한 역사적 사실 이외에도 이전부터 상해의 상인들은 대부분 외지에서 온 타 지역 사람들이었으며, 상해는 당시 외국 강대국의 경제와 정치에 의해 통제되고 있었다. 상해 현지의 상인이건 외지에서 온 상인이건 경제적으로 전통세력에 기댈 필요가 없었으며, 단지 자신의 능력대로 열심히 하면 되었기 때문에 모두들 규칙을 준수해야 했다. 이는 상해사람들에게 상업적 도덕과 법률 규범을 준수하는 행위습관을 길러주었다. 이러한 모습은 또한 상해사람들의 행동에서 합리성과 평등과 규범을 추구하는 모습으로 나타난다. 때문에 중국이 1978년도 개혁개방을 막 시작하였을 때 중국의 많은 지역, 특히 연안지역에서는 밀수와 지하시장이 성행하였는데, 여기에 관여하는 상해사람들은 적은 편이었다. 일상적인 경제활동 중에서 상해의 기업가들은 항상 규범을 준수하며, 일을 하면서 투기나 기교를 부리지 않으며, 법률의 허점을 뚫으려고 하지 않는다. 이런 의미에서 상해사람들은 비즈니스계에서 군자(君子)로 통한다.

상업사회에서 상업행위가 정상적으로 움직이려면 상업에 종사하는 여러 사람들이 함께 지켜야 할 규범이 있다. 시장경제 도입 초기에 많은 중국인들은 계약은 그저 형식에 불과하고 진지하게 그대로 이행할 필요가 없으며, 계약은 오히려 쌍방 간의 우호관계나 신의를 해치는 것으로 생각했다. 때문에 많은 기업들의 계약서는 아주 간단하게 대충 쓰는 형태였으나 상해사람들은 달랐다. 오랜 상업적 전통과 장기간에 걸친 서양기업과의 교류 경험에 따라 상해사람들은 사업면에서 반드시 근거를 요구하였으며, 사업상의 규칙을 준수하고 쌍방 간의 계약을 준수하였다. 거래가 발생하면 필히 계약을 체결하고, 계약의 내용은 총체적이면서도 정확함을 요구하였으며, 쌍방 간의 권리와 의무의 규정에 대해 매우 정확히 하여 각종 의외의 상황에 대비한 위험 조항도 고려해 넣는다. 상해사람들이 규범을 준수하는 구체적인 표현은 일단 계약을 체결하면 계약에 따라 엄격히 일을 처리하는 모습에서 드러난다. 중국 타 지역의 기업이나 외국기업들이 상해의 기업과 거래를 하면서, 자신이 진지하게 계약을 준수하기만 하면 상해의 상인들과의 협력은 매우 유쾌하고 순조롭게 진행된다는 느낌을 받는다.

(四) 상해사람들은 대부분 자부심이 강하다

중국 전통 관념에서는 함축 · 겸손 · 관용 등을 미덕으로 삼는다. 하지만 상해사람들은 지나친 자부심으로 인해 많은 사람들에게 지적받고 있다. 때문에 상해사람들은 중국 다른 지역에서 그다지 좋지 않은 인상을 남기고 있다. 상해사람들의 자부심은 상해의 경제적 지위에서 나온다. 계획경제 시기 중국의 월급은 보편적으로 낮은 편이었다. 하지만 상해는 공업발전에 있어서 공헌이 가장 큰 도시였으며, 그들의 수입은 다른 지역에 비해 높은 편이었다. 대부분 사람들이 상해 일반시민들의 수입은 다른 지역의 돈 많은 사람보다 많다고 생각하였으며, 상해사람들 자신도 이를 자랑으로 여겼다.

현재 어느 대학에서 강의를 하고 있는 왕 교수는 “1980년 내가 절강성(浙江省)에서 상해에 올라와 화동법정대학(華東法政大學)에서 공부할 때, 상해사람들의 생활수준을 보고 깜짝 놀랐다. 당시 자신의 고향집에서는 본 적도 없는 수세식 변기를 상해의 많은 가정집에서는 이미 몇 년 전부터 사용하고 있었고, 텔레비전도 있었고, 집 안에는 아름다운 목재로 된 바닥도 깔려있었고, 적지 않은 사람들이 당시만 하더라도 매우 낯설었던 서양 고전음악을 감상하고 있었다.”라고 회고하였다. 이러한 생활수준은 전국에서 최고였다. 이 이외에도 중국에서 가장 일찍이 세계경제와 접촉을 하기 시작한 창구가 바로 상해이기 때문에 상해사람들은 중국의 다른 지역의 사람보다 일찍부터 서양의 경제 운용방식에 밝았으며, 서양문화에 접촉한 것도 다른 지역보다 당연히 빨랐다. 이러한 사실은 상해사람들로 하여금 자신의 견문이 훨씬 넓다는 생각을 가지게 하여 일종의 우월감을 가지게끔 하였다.

개혁개방 이후 상해의 발전 속도는 무척이나 빨랐다. 무역센터 · 공업단지가 들어서고, 현대적 금융산업도 발전되어 전국 최고 수준의 인재들이 모여들어 상해는 중국의 동방명주(東方明珠, 홍콩)가 되었다. 때문에 상해사람들은 항상 자부심이 강하다. 중국에서 상해사람과 북경사람들의 특징에 대해 “상해사람들은 자신들만이 도시사람이고, 북경사람들은 북경사람들만 관리가 될 수 있다.”라는 식으로 비유한다.

상해사람들은 이와 같은 자부심으로 외지인을 우습게 보는 경우가 많다. 그들의 안중에 중국에서 상해보다 좋은 지역은 없으며, 상해사람보다 더 총명하고 교양있는 사람들은 없다고 자부한다. 심지어는 외지사람들이 구사하는 상해사투리도 상해 정통이 아니라며 우습게 생각한다. 이로 인해 상해사람들은 상해사랑병이 있다. 그들은 자신이 상해인임을 자랑스럽게 여기며, 외국이 아니면 상해를 떠나 다른 곳으로 가려하지 않는다. 매년 대학 연합고사를 볼 때, 상해 고등학생의 절대다수가 전문대학이나 직업학교를 갈지언정 상해시 안에 있는 학교에 지원한다.

이러한 자부심으로 상해 상인들은 비즈니스에서 자신의 생각과 방식에 대해 매우 자신감을 표하며, 자기의 주장이 가장 합리적이고 논리적이어서 모두에게 이익이 된다고 생각한다. 그래서 양보가 거의 없는 편이다. 게다가 상해 상인들은 다른 성(省)이나 다른 도시의 기업과 협력할 때 종종 지역적 우월감에 젖어있으며, 기술도 앞서있고 모든 업종이 구비되어 있어서 구태여 다른 지역 사람들에게 도움을 청할 필요가 없다는 식의 행동을 한다. 그래서 타 지역 사업가들은 상해사람들과 비즈니스할 때 그들의 태도가 너무 고자세이며, 이익을 추구함에도 인정사정 볼 것 없이 지나치게 사소한 것을 따지며 조금도 양보를 하지 않아서 그들과 장사한다는 것이 매우 어렵다고 호소한다.

三. 광동 상인들의 특징

지리적으로 볼 때 영남산맥(岭南山脈)은 동서로 가로지르며 광동성을 자연스럽게 상대적으로 독립된 지역으로 만들고 있으며, 역사적으로도 중원문명과 영남문명 간의 교류를 저해해 왔다. 이로 인해 광동지역은 내륙의 다른 지역과 달리 중원문화의 영향을 그다지 받아오지 않았다. 진(秦) · 한(漢) · 송(宋) · 원(元)나라 때 비록 북방인들이 대거 광동으로 몰려오면서 중원문화가 다소 영향을 미쳤지만, 그 과정이 호남(湖南) · 절강(浙江) 등의 지역을 거치면서 남방화되어 광동에 진입하였을 때에는 이미 커다란 차이가 있었다. 결국 유가문화(儒家文化) 중 형식을 중요시 여기는 허례허식의 문화는 광동지역에 별 영향을 끼치지 못 하였다. 반면 이곳에서는 현지 특성에 적응하면서 형성된 실용주의적 생활태도와 관념이 더 지배적이다. 광동 상인들은 다음과 같은 특징을 갖고 있다.

(一) 이익을 앞세우는 실용주의 정서가 강하다

우선 광동사람들은 정치에 대해 무관심하다. "북경사람들은 이념을 논하고, 광동사람들은 장사를 논한다."라는 말이 있듯이 광동사람들이 실용을 중요시여기는 스타일은 역사적으로 그 유래가 깊다.

광동은 지역적으로 정치중심에서 멀리 떨어져 있으며,

역사적으로도 이 지역에 대한 정치적 영향은 느리고 미미하였다. 광동사람들이 정치적인 면에서 노력한들 이들이 정치적으로 클 수 있는 가능성은 비교적 낮았다. 이로 인해 광동사람들은 정치를 등한시하거나 멀리한다. 광동성의 수도인 광주(廣州)는 역대로 수도로부터 멀리 떨어져 있고 바다에 연해 있었다. 천연적으로 중국의 봉건적 전통과는 반대 방향으로 나갈 수밖에 없었다. 수도로부터 천리를 달려온 말이 이곳에 도착하여 기진맥진할 때 남양(南洋)으로 출항하는 배는 바야흐로 고동을 울리며 출발하려고 할 때였다.[9]

신화사통신의 기자가 광동성 순덕시(順德市)의 성공한 기업 하나를 방문취재하며 한 젊은 노동자에게 "사회주의가 좋으냐, 자본주의가 좋으냐?"를 물었다. 그러자 그 노동자는 "당신이 보기에 우리 회사에서 하는 것이 자본주의입니까? 아니면 사회주의입니까? 자본주의라면 나는 자본주의가 좋고, 사회주의라면 난 사회주의가 좋지요."라는 대답을 하는 것이었다.

현재도 이와 같다. 정치중심지인 북경을 둘러싸고 발생하는 각종의 정치 또는 문화 현상에 대해 광동사람들은 그다지 관심을 가지지 않는다. 그들은 정치는 공허하고 무미건조한 것이며, 그 속에 얽히는 각종 관계는 지나치게 복

---

9 秋雨 저, 『문화고려(文化苦旅)』, 東方出版中心, 2003年 8月版, 192쪽

잡해서 아무런 흥미가 없다는 것이다. 지리적 요인으로 광동사람들은 문화와 가치관에 있어서 홍콩에 더 가깝다. 광동사람 중에는 중국 중앙 TV 방송을 아예 보지 않고 광동지역의 로컬 방송국이나 홍콩 방송국의 프로그램을 보는 경우가 더 많다. 한 번은 광동에서 꽤 오랜 세월 근무한 어느 회사의 부장이 광동성 순덕(順德)에서, 북쪽에서 방문온 친구들을 대접하면서 "북쪽 사람이면 모두들 아는 유명한 정치인이나 연예인 이름을 몇 명 대더라도 이곳에서 일하는 종업원은 틀림없이 모를 것이다."라며 내기할 것을 제의하였다. 친구들은 믿을 수 없어서 趙忠祥(쟈오쭝썅, 중국 중앙TV의 유명한 사회자), 黃菊(황쥐, 당시 국무원 부총리), 董文華(둥원화, 90년대의 유명한 여자 가수), 王朔(왕슈오, 유명 작가) 등 몇 사람의 이름을 대었다. 세 명의 젊은 종업원들에게 물어봤지만 그들은 전혀 몰랐다. 그 중 한 명이 다른 사람과 의논하더니 "당신께서 말씀하시는 董文華(둥원화)가 혹시 董建華(둥젠화, 홍콩특별구 초대 행정장관)가 아닌가요?"라고 반문하는 것이었다. 북쪽에서 온 친구들은 그저 어안이 벙벙해졌다.

그 다음, 광동사람들은 쓸데없이 인정(人情)·정의(正義)나 명성(名聲) 등에 대해 이야기하는 것을 그다지 좋아하지 않는다. 돈이 가장 중요한 척도이다. 인정이나 정의 등의 문제에 대해 광동사람과 상해사람들은 어느 정도 비슷한 면이 있다. 그들은 비즈니스를 할 때, 중국의 북쪽 지역 사람들 하듯이 대인관계나 개인적인 인정 등을 끌어들여서 우선 친구로 만들어놓고 사업을 진행시키는 그러한 스타일은 취하지 않는다. 그들은 그렇게 하는 게 부질없는 일이고 시간을 낭비하는 것이라 여긴다. 사실 많은 지역에서 기업가들은 사업 파트너에게 식사대접 할 때 티를 내며 요란스럽게 풍성한 요리를 한 테이블 가득 시켜놓는다. 너무 많아서 다 먹지 못하고 버릴지언정 요리가 부족하다는 인상을 주어서 대범하지 못하다는 인상을 주는 것을 싫어한다. 하지만 광동에서는 손님이 오면 기업들은 종종 기업 내의 식당에서 점심을 내거나 레스토랑에 가서 대접하더라도 적당한 양만큼의 요리를 주문해서 낭비하지 않는 편이다.

중국인들의 전통관념 중에 "돈만 있으면 귀신도 부릴 수 있다." "군자(君子)는 이(利)에 대해 말하지 않는다." "군자(君子) 사이의 사교는 물과 같이 덤덤하게 한다." "금전을 중요시 여기는 사람들은 동전 썩은 냄새가 난다."라는 말이 있듯이 돈이라는 것이 그다지 아름답지 않은 존재이며, 고상한 사람은 늘 돈을 하찮게 여겨야 하며, 돈 돈 돈 하면서 금전을 따지면 체면이 깎이는 것으로 간주한다. 시장경제로 진입한 오늘날에도 어떤 사람들은 장사할 때 직접적으로 돈에 대해 언급하는 것을 부끄럽게 여긴다.

하지만 광동사람들은 정반대이다. 그들 생활의 가장 중요한 목표는 바로 돈을 버는 것이다. 그들의 관념 속에는 돈이 있어야 하고, 돈을 벌어야만 능력이 있다는 사고방식이 존재한다. 부질없이 정치나 인정이나 의리, 명성 등은 모두 아무런 의미가 없다고 여긴다. 중국의 많은 지역에서는 텔레비전 방송국이나 신문사 기자가 기업을 취재방문하면 기업에서는 열정적으로 그들을 대접하며 보도를 잘 해주기를 바란다. 하지만 광동사람들은 다르다. 그들은 사업과 관련된 사람에 대한 열정이 기자에 대한 열정보다 훨씬 더 뜨겁다.

비즈니스 관계에서 광동의 기업가들은 정치나 문화에 대해 논하지 않는다. 그들이 관심이 있는 것은 다름 아닌 돈을 어떻게 버느냐 하는 것이다. 돈이 있으면 지위가 주어지는 것이고 체면이 서는 것이다. 반대로 돈이 없으면 아무 것도 아니라는 인식이 강하다.

광동의 기업에서는 업무성적이 뛰어나고 기술에서 독창성이 있는 직원을 포상할 때 북쪽의 기업들 마냥 그들에게 '우수한 직원'의 증명서나 '모범노동자'라는 호칭을 주는 것이 아니라 장려금을 준다. 공헌이 크면 장려금의 액수도 커진다. 그들은 인간이 일을 하는 것은 돈을 벌기 위한 것이고, 일을 많이 하고 잘 하면 당연히 돈을 더 주어야 한다고 생각하기 때문이다. 이러한 관념 때문에 중국의 개혁개방 이후 광동지역은 중앙정부의 경제발전 정책과, 홍콩과 마카오에 인접해 있다는 유리한 지리적 조건과, 항구도시를 갖추고 있다는 편리성과, 현실적이고 돈을 열심히 벌어야 한다는 정신으로 중국에서 가장 먼저 부유해진 지역이 되었다.

(二) 개척정신이 풍부하다

청나라 말기의 康有爲(캉여우웨이)와 梁啓超(량치챠오) 변법운동으로 중국 전체가 술렁거렸다. 그중 캉여우웨이(광동 南海 출신)는 청나라 말기 유신사상의 집대성자이다. 그가 제기한 유신사상체계는 자연변증법적 우주발전론 · 자연인성론(自然人性論)과 대동사상(大同思想)을 포함하고 있으며, 서양의 자본주의 사상의 영향 아래 형성된 것이다. 1895년, 그와 그의 학생 량치챠오(梁啓超, 광동 新會 출신)는 공동으로 그 유명한 공차상서(公車上書)[10]를 올려서 사회적으로 커다란 반향을 불러일으켰다. 캉여우웨이는 이로 인해 유신운동의 지도자가 되었으며, 역사상 유명한 무술변법(戊戌變法)의 기획자가 되었다.

중국 혁명의 선구자인 孫中山(쑨중산)도 광동사람이다. 그는 중국이 봉건통치를 전복시키는데 커다란 공헌을 하

---

10 공차상서(公車上書) : 1895년 캉여우웨이가 황제에게 상서를 올린 사건. 청나라 정부는 갑오전쟁(甲午戰爭)에서 패배하여 일본에 굴욕적인 《마관조약(馬關条條)》을 체결할 준비를 하고 있었다. 캉여우웨이는 북경에 과거(科擧)를 보기 위해 각 지역에서 몰려든 거인(擧人) 1,300여 명과 연합하여 황제에게 조약 체결을 거부하고 천도하여 항전하고 변법을 강화할 것을 주장하는 내용의 상서를 올렸다.

였으며, '중국전통, 서양정신, 자신의 창조적 견해'의 주장을 제창하였다. 근대 중국에서 서양학문과 관련된 사물과 주장 중 광동사람들이 솔선하여 시도한 경우가 많으며, 그 혼란스러웠던 근대중국사에서 광동사람들은 '사상가의 요람'이라 불렸으며, 적지 않은 지식인들이 중국 민족정신을 고취시키기 위해 우선 서양사상을 받아들일 것을 주장하였다. 이러한 것들이 광동사람들이 갖고 있는 풍부한 개척과 창조 정신의 주요 표현들이다.

광동 상인들도 지식인 못지않게 천하를 위해 앞서가는 스타일이다. 근대의 광동 상인들은 저 멀리 바다를 건너 온천지에 발자국을 남겼다. 광동성에는 매현(梅縣) · 신회(新會) 등 유명한 화교(華僑)들의 고향이 있다. 해외의 광동사람이나 국내의 광동 상인 할 것 없이 개척하고, 착실히 실천하며, 기꺼이 도전하려고 하는 정신을 갖고 있다. 일단 기회를 만나면 그 발전 속도가 매우 빠르다. 홍콩의 최대갑부이며 광동사람인 李嘉誠(리쟈청)은 원래 허드렛일을 하는 노동자였다. 하지만 기회를 잡자 모험을 걸고 부동산에 투자하여 일약에 억만 갑부가 된 것은 좋은 예이다.

중국의 개혁개방 이후 그동안 중국에서는 없었던 투자나 경영 또는 상업과 관련된 여러 가지 조치 중 광동사람들이 새로 시작한 것이 많다. 예를 들어 이전에는 중국의 국도(國道)나 대교(大橋) 등은 국가 또는 지방정부가 투자

하여 만든 것이 대부분이었다. 하지만 광주(廣州)부터 주해(珠海)에 이르는 다섯 개의 대교(大橋)는 중국에서 최초로 민간자금을 끌어들여 지은 것이다. 다리가 완성된 후 이곳을 통과하는 자동차들로부터 통행세를 받아 투자금을 갚아가는 새로운 방식을 처음으로 개척한 것이었다. 이 방식은 금세 중국의 다른 지역에도 파급되어 갔다. 1992년 당시, 다른 지역 지식인들의 월급이 아직 1,000원도 채 되지 않던 시절부터 주해시(珠海市)는 전국에서 처음으로 과학 기술에 공헌이 있는 사람에게 장려금을 주는 제도를 도입하였다. 매년 한 차례 인민폐 100만원이라는 거금 또는 소형자동차나 주택을 내걸고 주해시(珠海市) 특별경제구역의 발전을 위해 큰 공헌을 한 기술자들을 포상하였다. 이런 제도는 중국에서 처음 있는 일이었다. 순식간에 전국적으로 커다란 반향을 불러 일으켜 지식과 인재들을 중시하는 풍조를 형성하여 각지의 두뇌들이 자신의 발전을 위해 남쪽으로 남쪽으로 내려갔다. 이와 같이 광동의 기업가들은 개척정신이 매우 강한 편이어서 비즈니스 전선에서도 새로운 것을 좋아하고 부단히 새로운 아이템과 새로운 시장기회를 찾아 나선다. 일단 결정했으면 어떠한 모험도 감수하고자 한다.

(三) 대세에 순응하며, 변화와 대처에 빠르며, 상업적 두뇌를 갖고 있다

상해사람들이 시장경제에 대해 갖고 있는 마인드는 시장원칙을 준수하며 이익 및 합리성을 추구하는 모습으로 표현된다. 반면에 광동의 기업가들은 시장기회에 대한 충분한 자신(自信)과 기회이용으로 나타난다. 그들은 항상 시장에서 요구하는 필요에 적응하여 제때 제때에 자신의 경영노선을 변경함으로써 시장경쟁에서 승리를 거두고자 한다.

1993년 북경에서 온 기자가 광동성 순덕(順德)을 취재한 후 "무서운 순덕 사람들"이라는 평가를 내렸다. 그 이유인즉, 첫째, 순덕 사람들이 각 영역에서 거둔 빛나는 업적 때문이었다. 그 자그마한 순덕시에는 뜻밖에도 자산이 인민폐 일억 원(한국돈 약 150억 원)이 넘는 수백 개의 기업이 몰려 있고, 공업 총생산액은 이미 8백억 원을 넘어서고 있으며, 가전왕국(家電王國) · 가구왕국 · 페인트 도시라는 호칭을 갖고 있었다. 또 다른 한편으로 순덕의 많은 기업들의 일처리 방식과 사고(思考)가 당시와는 전혀 다른 스타일이었기 때문이었다. 그들은 지극히 민첩하고, 신축성이 있었으며, 고정 스타일에 얽매이지 않았다. 원료가 없으면 그들은 비싼 돈을 주거나 온갖 방법을 강구해서 길을 터놓는다. 인재가 없으면 그들은 차를 몰고 광동성 수도인 광주(廣州)에 가서 그곳의 기술자들을 주말 기술자로 순덕

으로 모셔 오는 등, 순덕사람들은 각종의 복잡한 문제를 풀어나가는 천부적인 능력을 갖고 있었다.[11]

중국의 전통관념은 속을 밖으로 드러내지 않는 것을 미덕으로 삼는다. 과거 중국 사람들은 "좋은 술은 골목이 아무리 깊어도 그 향기가 자연스레 골목 안까지 퍼진다.(酒香不怕巷子深)"라 하여 가장 중요한 것은 과장해서는 안되며 물건 그 자체가 좋기만 하면 자연적으로 사람들이 알아준다는 것이었다. 하지만 상업적 두뇌가 뛰어난 광동사람들은 중국이 개혁개방 된 이후 이러한 전통관념을 여지없이 깨버렸다. 강력한 자기 표현수단을 동원하여 재빨리 광고(廣告)라는 자기선전 무기를 가지고 1920,30년대의 상해에 등장하였던 광고들보다 훨씬 기세 좋게 시장을 개척해 나갔다.

(四) 광동사람들은 다소 미신적이다

앞에서 이야기했듯이 지리 · 역사적 원인으로 광동지역은 유가문화의 영향을 덜 받았다. 이로 인해 광동사람들의 성격은 비교적 개방적이고 쉽게 새로운 사물을 받아들이며 경제의식도 강하다. 하지만 또 다른 한편으로는 문화적 소양이 비교적 낮아서 그들은 종종 긴 안목의 목표가 없으며, 정치적 이상이나 정신적 수양에 대한 추구가 적은 편

11 樊榮强, 陳勇儒 편저, 『순덕제조(顺德制造)』, 廣東經濟出版社, 2002年 4月版, 41쪽

이다. 문화전통에 대해 상대적으로 낮은 인식으로, 그들은 대부분 관상 · 풍수 · 운명학 등을 통해 사물에 대한 해석을 찾고자 함으로써 미신적인 색채가 강하다. 장사나 사업하는 사람들은 항상 위험에 직면해 있기 때문에 더욱 더 미신적인 면이 강하다.

광동사람들의 미신은 도처에 존재하고 있다고 해도 무방할 정도이다. 예를 들어 그들은 일상생활이나 사업에서 사용되는 숫자가 길(吉)하냐 아니냐를 따진다. 예를 들어 '6'은 중국 전통관념에서는 '순조로움'을 뜻해서 "六六大順(66이면 아주 순조롭다)"라는 말이 있듯이 많은 사람들이 좋아하는 숫자이다. '8'은 광동어 발음이 "돈을 벌다"라는 뜻의 '發財(fa cai, 화차이)'의 '發(fa)'와 동음이 되어 좋은 의미를 갖는다. 그래서 광동사람들은 자동차번호나 집주소 · 전화번호 · 기업의 개업날짜 · 혼례날짜를 선택할 때 특별히 이러한 숫자들을 선택한다. 마찬가지로 '죽을 死(si, 쓰)'와 발음이 같은 '4(si)', "화가 나다"라는 단어인 '氣(qi, 치)'와 발음이 같은 '7(qi)' 등의 숫자 사용은 극력 피한다. 광동사람들이 식당에 가서 식사할 때 가장 많이 주문하는 것으로 채소(生菜, sheng cai, 셩차이)나 굴(蠔豉, hao chi, 하오츠) 등이 있다. 왜냐하면 이는 "돈이 생기다"라는 뜻의 '生財(sheng cai, 셩차이)'와 "좋은 일이다"라는 뜻의 '호사(好事, 하오스)'의 광동어 발음과 같기 때문이다. 광동사람들이 사는 집에는 관음보살이나 금화

낭낭(金華娘娘)이라는 여신(女神)을 모시는 경우가 많다. 기업 또는 크고 작은 상점에도 각종의 신상(神像)을 모셔 놓고 있다.

위에서 상술한 북경 · 상해 · 광동지역의 기업가나 상인들의 특징을 분석해보면 이들 지역 기업가들의 전형적인 특징이 있음을 알 수 있다. 하지만 이들이 어떤 지역의 기업가들이기 때문에 바로 그러한 특징이 있다는 것은 결코 아니다. 지역적 요소로 볼 때 거리가 가까운 지역은 서로간의 영향을 쉽게 받기 때문에 비슷한 특징을 갖는다. 예를 들어 하남성(河南省) · 하북성(河北省) · 산동성(山東省) 등 북쪽 중원지역 사람들은 북경 상인과 유사한 특징을 갖고 있으며, 상해사람들의 특색도 중국 남쪽 지역인 강소성(江蘇省) · 절강성(浙江省) 일대에 어느 정도 영향을 미치고 있으며, 광서(廣西) · 복건성(福建省) 지역의 기업경영자들도 광동지역 상인들과 유사한 기질을 갖고 있다. 예컨대 중국은 지역이 넓어서 각지의 상인들은 각 지역의 문화적 특색을 갖고 있으며, 동시에 정도의 차이는 있지만 현대생활과 기업경영에 대해서도 중국 전통문화의 흔적이 남아 있다. 이와 같이 다양하고 복잡한 지역 및 기업문화 현상은 현대 중국기업의 독특한 일면을 형성하고 있다.

第三章 기업이 직면하고 있는 시장경쟁 환경

기업들이 어떠한 시장경쟁 환경에 처해 있는가는 기업경영의 각도에서 볼 때 물론 경제적 환경의 문제이다. 하지만 또 다른 각도에서 볼 때 이는 문화적 문제이기도 하다. 왜냐하면 시장경쟁에 참여하는 사람들의 경제행위 이면에 깃들어 있는 문화 관념과 가치관의 문제이기도 하며 특정 시기의 인문적 상황을 반영하기 때문이다.

一. 중국사회의 생산양식 변동의 영향

중국사회는 1949년 사회주의 정권을 수립한 이후 수십년간 매우 복잡한 사회변동 시기를 거쳤다. 중국의 농촌은 정권 수립 이전부터 공산당 영향력 하에 있던 지역부터 토지개혁을 시작하여 건국 초기에는 전국 규모의 토지개혁을 마쳤다. 그 결과 토지는 농민이 소유하게 되었으며, 가정경영식의 제도를 실시하여 새로운 토지 사유제도는 매우 효과적으로 농민경제의 성장과 발전을 촉진시켰다. 이러한 현상은 새 정부에 대한 농민들의 지지를 응집시키는 결과를 가져왔다. 하지만 곧 바로 소련을 모방하여 소련식 집단농장을 모델로 하는 농촌개혁이 실시되어 농촌의 토지는 공유화되고 인민공사(人民公社)가 세워졌으며, 토지 사유제는 농촌 집체소유(集體所有) 또는 집체공동경영의 제도로 바뀌었다. 이 제도는 중국에서 30년간 실시되어 중국 농촌에 좋지 않은 후유증을 남겼다. 예를 들어 공동 관리와 노동으로 작업 효율이 떨어지고 공평성이 상실되었으며, 농촌은 가난해져서 토지 이용의 낭비와 유실을 가져왔다. 이러한 영향은 중국 인구의 절대 다수인 농민들에게 경제적 손실뿐만 아니라 자기의 땅을 소유하고 싶다는 농민들의 전통적인 꿈을 무참히 조각냄으로써 농민들은 토지에 대한 책임감을 상실하였다. 심지어 농민들을 장기간의 평균주의와 똑같이 나누어먹는 시스템에 젖어있게 함으로써 토지에서 열심히 일하고 경작하던 전통적인 습관을 바꾸어버렸다. 그리하여 50년 후기부터 개혁개방 시기까지 중국 역사상 최대 규모의 농민 나태주의 현상을 가져왔다.

개혁개방에 즈음하여 새로운 토지제도가 시행되었다. 토지 공동 소유제를 유지하면서도 동시에 농민이 토지를 하청 받아 경영을 하는 방식으로 바뀌어 토지에 대한 농민들의 권리를 어느 정도 회복시켰으며, 자신이 토지에서 노동한 만큼 이익을 가져갈 수 있다는 믿음을 회복시켜 주었다. 그 결과 빠른 시일 내에 중국 농촌은 자급자족의 상태가 되어 중국의 식량문제를 해결하였다. 하지만 수 년간 토지에 관련된 각종 문제와 도시발전으로 인한 취업기회의 증대로 대량의 농민들, 특히 젊은이들은 더 이상 토지에 얽매이는 것을 원치 않고 농촌을 떠나 도시로 도시로 흘러들어갔다. 이리하여 오늘날 대도시에는 농민공(農民工)이라는 새로운 집단이 생겨나게 되었다.

1949년 건국 초기의 사회주의 개혁은 당시 자본주의 공상업(工商業) 기업에 대해 국유화를 실시하여 국가소유를 주체로 하고, 시(市)나 향진(鄕鎭)이 보조적인 역할을 하는 사회주의 공유제가 확립되어 개인경제는 법률적으로 그 지위와 보호를 상실하게 되었다. 1950년대 공산당은 당에 대한 정풍운동(整風運動)의 하나로 전국 인민들에게 당에 대한 의견을 개진하라고 호소하였다. 하지만 얼마 안 있어 1957년 반우파(反右派) 투쟁을 전개하여 공산당의 말을 믿고 공산당에 대해 반대나 비판적인 의견을 낸 사람들은 대거 우파로 몰려 공직에서 쫓겨나고, 노동개조란 명목으로 농촌 혹은 변경 지역으로 보내졌다. 반우파 분위기 확대의 소용돌이 속에 50여 만 명이 우파로 몰렸는데, 이 운동의 심각한 후유증으로 사람들은 마음속의 말을 하지 않게 되었다.

1958년의 대약진운동(大躍進運動)은 객관적인 경제규율을 무시한 채 맹목적으로 발전만을 추구하며, "미국과 영국을 초월하자"고 고속생산을 격려하며 공업과 농업 생산량을 몇 배 심지어는 수십 배 늘리자는 구호를 내세웠다. 예를 들어, 1958년도의 강철 생산량을 1957년의 두 배로 하고, 1959년도는 전 해의 또 다시 두 배를, 1958년도 곡식 생산은 전 년의 80% 증산, 1959년은 또 다시 50% 증산의 식이었다.[12] 이리하여 전 국민이 강철 제련에 매달리고 기본건설이 급격히 팽창되는 현상이 생겨서 각지의 농촌은 앞 다투어 생산량을 부풀려서 과대 보고하는 등 전국에 걸쳐 온통 허풍과 과장의 바람이 불었다. 경제규율을 무시한 이와 같은 맹목적인 추구는 국민경제의 균형을 깨뜨려서 중국은 엄청난 경제적 위기에 직면하게 되었으며, 이어 자연재해가 출현하여 3년간의 대기근을 겪게 되어 사람들은 정부와 자신들이 처해 있는 정치경제 현실에 대한 믿음을 잃게 되었다.

그 유명한 문화대혁명은 1966년부터 시작하여 1976년에 끝났는데, 중국에서 발생한 국가가 인민들에게 가장 커다란 좌절감과 손실을 가져다 준 대혼란이었다. 문화대혁명의 실질은 당내의 주자파(走資派)를 몰아내고자 하는 당권파(黨權派)가 일으킨 전국적인 정치투쟁 운동이었다. 이 운동으로 사회질서는 무너지고, 서로 고발하고, 비판하고, 대자보를 붙이고, 서로 투쟁하고, 봉건과 전통문화와 관념을 타도하고, 구사상 · 구문화 · 구풍속 · 구습관을 파괴한다는 미명아래 사회전체가 대혼란에 빠지게 되었다. 반우파투쟁 · 문화대혁명 및 건국 이래 수차례 걸친 정치운동으로 인해 중국전통의 유가문화 관념과 전통적 도덕이념 및 종교 신앙은 붕괴되어 오랜 세월에 걸쳐 심어온 인간과

---

12 http://baike.baidu.com/view/1922.htm

인간관계의 믿음은 사라지고, 인민들은 정부를 믿지 않게 되었으며, 사람들의 가치관과 인생이 추구하는 목표는 대혼란에 빠지게 되었다. 아울러 이러한 후유증으로 인해 개혁개방 시기에 진입한 이후에도 반사회질서적인 현상이 나타나게 되었다. 이후 최근 20여 년 동안에 중국정부와 사회는 법률과 법규의 확립, 도덕이념의 재건립을 추구함으로써 경제발전이 필요로 하는 기본질서와 환경을 회복시키고자 애를 쓰고 있다.

二. 시장경쟁 환경의 문제점

기업들이 시장에서 경쟁을 하려면 공정한 경쟁을 할 수 있는 환경과 조건을 필요로 하며, 그래야만 기업들이 동등한 조건하에 자신의 실력을 발휘할 수가 있다. 개혁개방 이후 중국이 시장경제 시스템을 취하면서 정부는 일련의 법률과 법규를 반포하여 기업들의 경쟁행위를 규정하였다. 예를 들면, 《불공정경쟁규제법(反不正當競爭法)》·《소비자권익보호법(消費者權益保護法)》·《제품품질보증법(產品質量法)》 등을 제정하여 여러 방면에서 각 기업들의 행위를 규제하고, 시장경쟁의 질서를 유지시키고, 소비자의 이익을 보호하고자 하였다. 기업들의 행위를 관장하는 주요 기관인 공상행정관리총국(工商行政管理總局)도 많은 행정법규를 발표하여 기업들의 행위를 규제하였으며, 각 지역의 공상행정관리국(工商行政管理局)들도 현지 기업들의 행위에 대해 관리를 하고 있다. 이 이외에도 중국정부는 소비자권익보호협회를 창설하여 기업의 제품과 서비스 품질을 감독하고 소비자들의 이익을 보호하기 위한 노력을 경주하고 있다. 하지만 개혁개방 초기부터 이미 시장경제가 상당히 성숙한 오늘날까지 시장에서는 각종의 불공정 행위가 계속 존재하고 있다. 예를 들면,

- 타인을 이용하여 상대방을 공격하는 것이 있다. 어떤 기업경영자는 공개적으로 상대방을 공격하지 않고 우회적인 전술로 경쟁 상대자의 제품이나 서비스에 하자가 있을 시, 소비자들의 불만을 야기시켜서 그들을 선동하거나 혹은 금전이나 물품으로 소비자를 매수해서 대중매체에 비판적인 글을 싣게 한다. 아울러 상대방 제품의 결함을 과장하기도 한다. 어떤 기업은 자신의 직원을 소비자로 가장시켜서 공상국(工商局)에 가서 경쟁 상대자의 제품을 고발한다. 그래서 사법기관으로 하여금 그 회사를 조사케 하거나 대중매체로 하여금 집중적인 보도를 유도해서 이 회사제품에 심각한 문제가 있거나 위법 행위가 있음을 부각시킨다.
- 정당치 못한 권력수단으로 경쟁자를 배제시킨다. 어떤 경영자들은 각종 통로를 통해 당정(黨政) · 공상(工商) · 세무(稅務) · 위생(衛生) · 기술감독(技術監督) 부문의 공무원들을 자신의 기업에 관련시키거나, 혹은 그

들에게 주식을 기증해서 그들이 자신의 회사를 통하여 이익을 얻게끔 하거나, 또는 당(黨)이나 정부와 관련이 있는 기업들과 합작하는 등의 방식을 통해 권력기관과 안정적인 이익관계를 맺어서 자신의 시장적 지위를 공고히 하고, 경쟁자들이 자신의 시장에 들어오지 못하게 하여 아예 시장에서 배제시킨다. 동시에 이런 비정상적인 관계를 이용하여 기업이 불법행위를 저지르더라도 비호를 받을 수 있도록 한다.

- 비정상적인 가격 인하로 경쟁을 저해한다. 어떤 기업들은 고객들을 끌어들이기 위해 제품 판매 시 소비자들에게 엄청난 할인을 해 주거나 혹은 물건을 끼워준다. 예를 들어 캔에 작은 경품이나 동전을 끼워 팔거나, 또는 상금을 걸고 구매자들을 유인한다. 이런 방식은 모두 불공정경쟁규제법에 위배된다.

시장에서는 각 기업사이의 불공정 경쟁행위가 존재할 뿐 아니라 정부기관들이 기업들의 경영에 개입하여 불공정 경쟁을 유발시키기도 한다. 예를 들면,

- 정부 및 하층조직들이 행정권력을 이용하여 특수영역(예를 들면 문화재 모형사업, 직업훈련 등등)의 경영 소스를 쥐고 다른 기업들은 아예 발을 들여놓지 못하게 하거나, 동등 조건이라면 다른 기업들은 진입할 수 없도록 통로를 막는다.

● 각 지방의 지역보호주의 현상도 있다. 요녕성(遼寧省) 대와현(大洼縣) 전매사업관리국은 1999년 이전에 주류 경영 허가증을 발급할 때 경영범위를 명확히 '그 지역 생산 맥주'로 못을 박았으며, 2000년 허가증을 대체 발급해줄 때에는 그 지역의 맥주회사에 대해서는 요구조건을 매우 느슨하게 하고 다른 지역의 회사에 대해서는 처벌조항을 더욱 강화시켰다.[13]

2001년 9월7일, 중앙 TV의 '대화(對話)'라는 프로그램은 다음과 같은 사건을 보도하였다. 감숙성(甘肅省)의 어떤 가스회사는 난주시(蘭州市) 시민들에게 가스를 공급할 때 "사용자가 사용하는 가스 취사도구는 본 회사의 검증을 거쳐야 합니다. 그렇지 않으면 뒷 결과에 대해 책임을 지지 않습니다."라는 문구를 넣었다. 이러한 방식은 소비자는 필히 그 회사의 검증을 거친 취사도구를 사용해야 한다는 은연중의 위협이 되어 불공정거래에 속한다.[14]

지방정부가 개입하여 조성된 불공정거래 현상은 중앙정부에 의한 수차례 시정요구로 상당한 개선이 있다하더라도 각 지역의 이익이 얽혀있어 단기간 내에 완전히 해소되기란 쉽지 않아 보인다.

현재 중국의 기업들이 직면하고 있는 비교적 심각한 문

---

13 周永亮저, 『中國企業前沿問題報告』, 中國社會科學出版社, 2001年 10月, 145쪽

14 상기 보고서, 제143쪽

제는 다음과 같은 두 가지가 있다.

- 첫째, 유사 제품 문제이다. 유사 제품의 범람으로 법을 준수하며 정상적인 경영을 하는 기업들은 커다란 피해를 보고 있다. 이들 유사 상품은 품질들이 형편없는데, 이들 제품의 생산자들은 열악한 설비조건과 최저의 원가로 저질의 물건을 만들어낸다. 시장에서는 저렴한 가격으로 정상적인 기업의 제품과 경쟁을 하여 시장을 잠식하고 소비자들의 이익을 저해한다. 동시에 다른 기업들의 정상적인 영업에도 커다란 지장을 초래한다.

중국의 국가품질감독검역총국(國家質量監督檢驗檢疫總局)은 2006년 11월 27일의 주간(週刊) 품질보고서에서 다음과 같은 사례를 발표하였다. 섬서성(陝西省) 서안시(西安市)에 살고 있는 고 씨 성을 가진 여성 집에 도둑이 들어 현금 만 원과 수천 원에 달하는 물품을 도난당하였다. 이 여성이 살고 있는 아파트 단지는 최근 몇 개월 사이에 세 차례의 절도사건이 발생하였는데, 모두가 예리한 도구로 보안문(保安門, 아파트의 철문)을 훼손시키고 집안에 침입하여 발생한 것이다.(뒷페이지 사진 참조) 그런데 그 단지의 집들이 설치한 보안문(保安門)은 모두 한 회사의 제품이었다. 이 문들은 겉으로 보기에는 매우 견고하게 보였는데 도둑이 어떻게 뚫고 침입을 하였을까? 후에 기자가 조사한 바에 의하면 그 문에 조그만 구멍을 뚫어보니 안이 모두 나무로 되어 있었던 것이었다. 원래는 강철과 같은

재료로 되었어야 했던 것인데 그 보안문은 그저 합판으로 만들어진 것이며, 겉에는 아주 얇은 철을 입혀서 손으로도 쉽게 부술 수 있었던 것이다. 국가가 정한 보안문의 표준에 의하면 전문적인 파괴 공구를 사용하여 문을 뚫는데 15분 이하면 불합격 제품이다. 그런데 섬서성(陝西省) 품질감독소가 조사한 바에 의하면 그 여성이 살고 있는 단지의 주택들이 사용한 보안문들은 보통의 도구로도 5분이면 충분히 뚫고 들어갈 수 있는 아주 조악한 것들이었다. 국가건축재료품질감독측정센터(國家建築材料質量監督檢測測試中心)의 전문가들이 밝힌 바에 의하면, 현재 시장가격은 정상적인 제품이라면 보안문의 기본 원가는 적어도 600원 이상이어야 하는데, 이들 유사제품이 시장에서 팔리는 가격은 겨우 300원에 불과하였다.[15] 품질이 조악한 유사제품들이 낮은 가격으로 품질 합격을 받은 제품과 경쟁을 하면

서 저렴한 가격으로 소비자들을 유혹하여 시장을 교란시키며 불공정한 경쟁을 하고 있음을 알 수 있다.

- 두 번째로 짝퉁제품, 즉 지적재산권 침해 문제이다. 지적재산권 문제는 특히 컴퓨터 소프트웨어 업계에서 타인의 저작권 침해에서 두드러진다. 예를 들어 대량으로 소프트웨어를 복사해서 판매하는데, 정판이라면 1500~2000원인데 해적판은 겨우 5~10원이면 살 수 있다. 이는 정판 소프트웨어를 개발하고 생산한 사람들에게 엄청난 피해를 주는 행위이다.

이 이외에도 기업이 시장경쟁에서 직면하고 있는 가장 두드러진 문제가 자사의 상표권이 불공정거래 기업들의 행위에 의해 침해받는 것이다. 국내외 많은 브랜드가 중국 시장에서 심각한 침해를 받고 있다. 북경에서 짝퉁상품을 많이 취급하는 씨우수이(秀水) 시장이 국내외 관광객에게 주목을 받는다. 그래서 "만리장성을 오르고, 고궁박물관을 유람하고, 씨우수이 시장을 둘러본다."는 것이 외국관광객들의 북경 유람 고정코스가 되었다. 1995년부터 씨우수이 시장은 중국 전통의 자수(刺繡) 판매에서 짝퉁상품 판매로 돌아섰다. 전국 각지에서 온 상인들은 씨우수이 시장에 자리를 잡고 옷·혁대·안경 등의 가짜 명품을 팔았다. 그리

15 中國國家質量監督檢驗檢疫總局網站 http://www.aqsiq. gov.cn/ztlm/mzzlbg/200611/t20061127_24156.html

하여 씨우수이 거리는 순식간에 짝퉁시장으로 유명을 떨치게 되었다.

2005년 9월, 명품으로 유명한 프랑스의 루이똥 회사를 위시하여 이탈리아의 구찌 등 외국의 다섯 회사가 씨우수이 시장을 고소하였는데, 관련된 상표로는 CHANEL · LV · BURBERRY · GUCCI · PRADA 등이 있었다. 이에 대해 북경시 최고인민재판소는 2006년 4월18일, "씨우수이 시장과 점포들은 공동으로 5대 국제명품회사에 2만 원을 배상하고, 즉각적으로 상표도용을 중지하라."는 최종 판결을 내렸다. 이 판결은 세계의 주목을 받았으며, 중국 정부가 지적재산권을 보호하려고 하는 강력한 조치로 간주되었다.

재중국 외국기업협회의 상표보호위원회가 2007년 1월에 조사한 결과, 짝퉁 상표가 아주 심각한 문제임이 드러났다. 조사에 응했던 다국적기업 중에 68%가 지적재산권 문제를 그들 기업들이 현재 중국에서 직면하고 있는 3대 문제 중 하나로 꼽았으며, 절대 다수의 기업들도 상표도용이 중국에서 지적재산권보호 방면에서 가장 관심 갖는 문제라고 답하였다.[16] 때문에 짝퉁제품 즉 상표 침해행위의 제지와 처벌은 여전히 먼 길인 것 같다.

---

[16] 央視國際 www.cctv.com 2007년01월29일

三. 시장과 기업의 신용문제

“장 선생님, 연말이 되었습니다. 저도 직원들에게 보너스를 줘야할 텐데, 물건 대금 93,000원을 갚을 수 있습니까? 새해에 식사 대접 한 번 하겠습니다.”

尙(상) 사장은 가구회사의 책임자이고, 장 선생의 회사는 상 사장의 회사로부터 20만 원 정도 되는 물건을 구입하였는데 대금을 갚아야 할 시기가 이미 반년이 지났는데 아직 9만 여 원이 덜 지불된 상태였다. 상 사장은 몇 차례 재촉하였지만, 장 선생은 그 때마다 회사 자금도 딸리고 손님이 돈도 갚지 않아서 그렇다며 차일피일 미루어 왔다.

중국의 많은 기업들에게 경영상 가장 큰 위험은 손님의 신용이다. 설날이 다가오면 많은 기업들의 주요 업무 중 하나가 일 년 동안 돈을 갚지 않은 고객들에게 전화를 걸어서 빚 갚을 것을 재촉하는 것이다. 심지어는 직원을 파견해서 대금 지불을 재촉한다. 이들이 항상 하는 말이 “연말이 되었습니다. 빚 갚으셔야죠.”이다.

사회신용이 어느 정도냐 하는 것이 사회도덕 수준을 나타내며, 기업의 신용정도는 기업운영의 성쇠와 시장 경쟁 환경의 양호여부를 반영한다. 사회건 기업 또는 개인의 입장에서건 신용의 하락은 타인의 이익, 심지어는 사회질서에 좋지 않은 영향을 끼치는 복합적인 문제가 된다. 현재 중국에서 기업의 신용 위반 행위가 실제로 시장과 타 기업

이익에 악영향을 끼치고 있다. 신용위반 행위로 손해를 입은 기업 입장에서 볼 때 기업 위기는 항상 존재하고 있다. 때문에 중국기업들이 직면하고 있는 신용위험도 문제는 비교적 심각한 편이다.

한편, 사회 전체의 신용문제 상황이 그다지 낙관적이지는 않다. 사회가 큰 변화를 겪는 시기에는 거대한 조정에 직면하게 된다. 중국사회가 시장경제를 도입한 이래 갈수록 격렬해지고 있는 경쟁은 기업들로 하여금 최대한 시장의 요구에 적응하고, 시장 점유율을 유지하고, 생존을 유지하고, 이익을 도모할 수 있도록 요구하고 있다. 1990년대 이래로 갈수록 많은 기업들은 외상거래 방식으로 경영을 해왔다. 의약 · 기계 · 방직 등 경쟁이 비교적 격렬한 업종에서 외상방식의 교역이 60% 내지 90%에 달한다.[17] 그리고 증시 상장기업에 관한 2004년도 보고서에서는 조사대상 347개의 기업들이 받아야 할 돈이 658.76억 원에 달하였으며, 주 영업수입 중 차지하는 비율이 2003년의 9.67%에서 2004년에는 8.24%임을 밝히고 있다. 이 치수는 외상거래가 여전히 높은 비율임을 보여주고 있다.[18]

외상거래가 피동적인 경영 관례(慣例)가 되었을 때 기업

---

17 楊麗娟「霍振芳 "浅談企業的信用風險管理"」,『唐山學院學報』, 2005.03

18 上海證券報, 2005년3월17일, http://news.xyfund.com/032005/17/144770.html

의 재무 위험도는 무한 증대한다. 이러한 현상은 기업을 필연적으로 외상에 의존해 생존케 하며, 마치 살얼음판을 걷는 듯한 위험한 지경에 빠뜨리게 하기도 한다. 이들 기업들이 만약 재정 위험에 대한 부담감으로 외상거래를 거부하게 되면 구매자와 시장을 상실할 위험에 처하게 된다. 또한 제품을 구입해 가는 회사의 신용도도 외상 자체의 위험도 여부를 결정짓게 되는 것은 지극히 당연하다. 때문에 사회와 시장의 신용 환경은 매우 중요한 사항이다.

또 한편으로 고객들의 신용 위험도가 지속적으로 존재하는 것, 이것이 모든 기업들이 직면해야 하는 문제다. 중국의 현재 상황으로 볼 때 모든 기업들의 신용은 모두 주관적인 요소, 기업 자신들의 조건, 시장 환경 등 각종 요소의 제약을 받고 있기 때문에 신용을 지킬 수 없는 가능성이 항시 존재하고 있다. 이에 대해서는 다음과 같은 몇 가지 원인이 있다.

1. 기업투자자 및 경영자들의 주관적 요소이다. 중국은 아직 시장경제 초기 단계에 있기 때문에 계획경제 체제하에 사람들이 갖고 있던 고정관념이 여전히 존재하며 영향을 끼치고 있다. 예를 들어 이익의 균점, 공동분배, 국가가 채무를 보전해 주는 것 등등으로 기업의 투자자나 경영자들은 일종의 불건전한 심리를 갖고 있다. 예를 들어 기회를 이용해 부당한 이득을 기대하거나, 채무를 이행하지 않으면서 자신의 이익을 취하는 행위 등

이다. 이 이외에도 중소기업과 사영(私營)기업의 신속한 발전으로 개인 투자자들의 숫자가 갈수록 많아지고 있는데, 투자자들은 이익을 극대화하고자 하는 본능이 있기 때문에 의무적으로 지켜야 할 계약이나 타인에 대한 신용을 지키지 않을 가능성이 상시 존재하고 있다.

2. 기업의 경영실력이다. 기업투자자들의 자금실력이나 기업의 자산상태와 경영능력이 부족하면 기업은 계약에 따라 채무를 이행하지 못할 위험이 따른다. 기업자산이 채무를 초과하거나 현금흐름이 막히면 설사 채무를 갚을 의사가 있더라도 실제로 빚을 갚을 능력이 없게 된다. 당장 기업이 사느냐 죽느냐하는 생사기로의 상황에 직면하기 때문이다.
3. 기업이 직면한 시장 환경의 원인이다. 모든 기업들은 자신의 경영 체인이 있다. 그 체인은 그 기업이 제품을 넘겨주는 대리상이거나 또는 그 기업에 물건을 대주는 공급상일 수도 있다. 시장경제 환경과 신용상황이 열악할 때 기업은 경영 체인 중 어떤 부분에서 문제가 생기면 즉시 그의 영향을 받을 수가 있다. 예를 들어 기업의 어느 대리상이 대금을 갚을 능력이 없거나 신용을 지키지 않게 되면 그 기업도 자금압박을 받게 되어 지불능력의 상태로 빠질 수 있다.
4. 신용을 상실한 기업이 법률의 허점을 이용할 수 있다. 법률이 아무리 완비되어 있다하더라도 어느 한 군데의

허점이 있을 수 있다. 게다가 현재 중국의 신용체계 보장에 관한 법률은 여전히 허점이 많아서 기업들이 신용을 지키지 않아도 이를 효과적으로 제재하지 못하는 경우도 많다. 그리하여 신용을 상실한 기업들이 종종 아무런 거리낌 없이 각종 통로를 통해 채무를 회피하거나 책임을 지려고 하지 않는다.

따라서 중국시장에 진입하려고 하는 기업들은 필히 중국이 현재 처해있는 시장의 신용환경을 이해하고 자신을 스스로 보호할 줄 알아야 한다.

第四章 외국인이 직면하게 되는 중국인들의 심리

외지인이 어떤 지역에 투자하려면 그 지역의 문화적 환경이나 현지 사람들이 외지인에 대해서 어떠한 마음을 갖고 있는가를 이해하는 것이 필요하다. 따라서 외국기업이 중국에서 뿌리를 내리고 발전하려면 필히 중국인들의 심리적 특징과 외국인 또는 외국기업에 대해 어떠한 마음을 갖고 있느냐에 대해서 사전에 이해를 하는 것이 좋다.

一. 중국인들의 소위 '꽌시문화(關係文化)'

외국인들은 중국에 대해서 전통문화 · 유구한 역사 · 요리와 관련된 말은 많이 들어봤어도 중국어의 '꽌시(關係)'라는 단어가 의미하는 것을 제대로 이해하는 사람은 많지 않을 것이다. 만약 중국인들의 대인관계가 중국사회에서 갖는 특별한 의미와 작용에 대해서 제대로 이해하지 못 하면 중국에 대한 인식은 상당히 불완전하거나 혹은 잘못된 것이라 할 수 있다. 20여 년 동안 중국사회의 발전과 대외개방으로 중국은 바깥세계에서 중국을 이해하기를 바랐으며, 당연히 바깥에서도 중국을 이해하고자 하였다. 이로 인해 중국과 밀접한 관계에 있는 나라들, 특히 한국과 일본 등 아시아 국가들은 중국문화에 대한 관심과 연구 열기가 고조되었으며, 중국에 투자를 하거나 무역을 하고자 하는 외국인에게 있어서는 더욱 더 그러했다.

필자는 중국에 와서 공부하거나 투자하는 한국인들과 교류를 할 기회가 비교적 많았다. 90년 대 초 · 중기에 그들이 중국에 오기 전 중국에 대해서 어느 정도 알고 있었느냐를 물어보면 대답 중에는 기상천외한 것들도 꽤 있었다. 하지만 중국인들로 하여금 깊이 생각하게 하는 부분도 있었다. 어떤 한국 사람은 중국인들은 모두 무술을 할 줄 알아서 사소한 문제도 무술 대결로 해결하는 줄 알았다는 것이었다. 또 다른 한국 사람은 중국은 경제가 낙후되어서

도처에 불모지 땅이 있는 줄 알았다고 했으며, 또 어떤 한국 사람은 중국어가 홍콩 텔레비전에서 방영되는 광동어인 줄 알았다는 것이었다. 이러한 이해는 정말 어처구니없지만 사실 중국에 대한 이해의 제한 때문에 생긴 오해들이다. 특히 어떤 오해들은 한국에서 방영된 홍콩이나 대만 영상물의 영향 내지 학교에서 이루어진 제한적이고 단편적인 이론 교육 때문이었다.

중국인들의 대인관계 관습을 이해하기 위해 간단히 한국과 비교해 볼 필요가 있다. 오랜 세월동안 한국 사람들은 강렬한 민족의식을 가져왔다. 일단 정치 · 경제 · 역사 · 문화와 관련된 사건이 발생하면 그들이 우선 관심 갖는 것은 "한국은 어떻게 될 것인가"이다. 지켜야 할 권익, 수호해야 할 영토, 마땅히 받아야 할 보상 등등이 국민들이 관심 갖는 주요 포인트이다. 때문에 국내외를 막론하고 한국인이 우선적으로 먼저 생각하는 것은 나라가 어떻게 될 것인가이다.

중국의 상황은 다르다. 땅이 넓기 때문에 중국인들이 갖고 있는 '국가'라는 개념은 그다지 강렬하지 않다. 하지만 중국인들의 지역관념은 매우 강하다. 그들이 따지는 것은 권내(圈內)냐 아니면 권외(圈外)이냐다. 혈연(血緣) · 지연(地緣) · 업무관계 등으로 이루어진 '꽌시권(關係圈)'이 오늘날의 중국사회를 구성하고 있다고 해도 과언이 아니다. 어느 한 개인이 있다고 하자. 자신과 혈연관계로 이루어진 식구들은 가정권(家庭圈)을 이루고 있으며, 매일 먹고 마시고 자고 하는 등 일상생활은 이 권(圈)을 벗어나지 못한다. 자라서 성인이 되면 자신의 가정을 만들고 사랑하는 이성과 부부가 된다. 하지만 이는 단지 두 사람만의 일이 아니다. 이는 두 가정의 결합을 의미한다. 그래서 혼인으로 이루어진 연결고리의 가족관계는 그 사람의 생활권을 더욱 확대시킨다.

업무나 학습관계로 인해 동료나 동창 등은 또 다른 권(圈)의 관계를 형성하게 된다. 그저 일반적인 업무나 학습상의 교류가 있다 하더라도 특별한 인연으로 의기투합 하여 일을 도모할 수도 있게 된다. 이런 여러 가지 연(緣) 중에서 특히 언급할만한 것은 지연(地緣)이다. 외지에서 와서 대도시에서 생활하는 많은 사람들은 이로 인해 지역관념을 강하게 갖고 있다. 중국 사람들이 처음 만나서 서로에 대해 물을 때 우선적으로 어디 사람인가를 확인한다. 이는 다른 나라에서는 거의 보이지 않는 현상이다. 중국에서 지역의 한계는 매우 뚜렷하다. 동서남북 지역 차이에서 나타나는 중국인들의 대인관계 특징은 매우 뚜렷하다. 우선 남쪽과 북쪽을 비교하면, 중국 남쪽사람들은 통상 성격이 부드럽다고 여겨지는데, 남자들은 세심하고 이해심이 많고, 여자들은 온유하고 다정다감하다. 북쪽 사람들은 통상 호탕한 인상을 준다. 문화적 전통, 지역 환경과 생활 관습의 차이 때문에 각 지역 사람들 사이에는 상당한 간격이 존재하고 있으며 서로 적응하기가 쉽지 않다. 이러한 현상은 다른 나라에도 존재하지만 중국에서는 이런 현상이 특별히 두드러지는 경향이 있다. 그래서 중국에는 "아름답건 아니건 어쨌든 고향의 물이요, 가깝건 아니건 어쨌든 고향사람이다(美不美家鄕水, 親不親故鄕人)"이라는 속담이 있다.

중국 농촌사회의 발전사를 보면 지연(地緣)이 가까운 사람들은 혈연관계나 혼인관계도 매우 가까움을 쉽게 알 수 있다. 때문에 '고향(故鄕 또는 老鄕)'이라는 단어가 중국인들의 대인관계에서 매우 특수한 함의를 갖고 있다. 어떤 집단에서 사람들 사이를 구분 지을 직접적인 이익이나 기능적 요소가 없을 경우, 같은 고향이 아마도 그 집단 내의 사람 사이를 구분 짓는 중요한 기준이 될 가능성이 크다. 이 기준 하에 형성된 사교권(社交圈)은 매우 자기 방어적이며, 나날이 긴밀하게 가까워지는 특징 이외에도 통상적으로 타인에 대해 뚜렷한 배타적인 특징을 갖는다. 예를 들어 상해 사람들은 상해인이 아니면 일괄적으로 '외지인' 심지어는 '시골사람' 이라고 칭한다. 외지인 중 특히 북쪽 사람들도 상해사람들을 좋아하지 않는다고 아주 간단히 말해버린다. 중국에서는 다음과 같은 일도 벌어진다. 온주(溫州) 사람이 북경거리에서 싸움을 하면, 구경하던 다른 온주사람은 싸움 당사자가 아니면서도 그 싸움에 끼어들어 무조건 온주사람을 편든다. 외국사람들은 아마도 이해하기 힘든 중국 사람들의 대인관계일 것이다.

二. 외국인을 대하는 중국인들의 복잡한 심정

'중국(中國)'이라는 단어는 중앙에 위치한 나라라는 뜻이다. 중국문화 또한 특별히 포용성과 강력한 동화력을 갖춘 문화이다. 오랜 역사발전 과정 중에 중국의 영토는 부단히 확장되어 왔다. 그 중 진(秦) · 한(漢) · 당(唐) · 송(宋) 시기에는 다른 민족을 정복한 적도 있었고, 반대로 원나라 때와 같이 외민족이 한족(漢族)을 지배한 적도 있었다. 이상한 것은 누가 누구를 정복하였던 간에 강력한 한문화(漢文化)의 융합과 동화로 정복된 사람과 정복한 자 모두가 중국의 기치 하에 통일이 되어 결국 다민족 모두가 중국인이 되어버렸다는 사실이다.

이런 역사적 사실로 중국인들은 유아독존적인 자부심을 가지게 되었다. 실제로 중국의 지리환경도 확실히 중국인들의 이러한 의식을 고취시키는데 한 몫을 하였다. 중국의 영토는 대략 유럽 크기 정도이며, 미국보다는 크고 캐나다보다는 다소 작다. 하지만 지세가 비교적 평평한 구미(歐美) 지역보다 중국은 육지의 해발 고도 차이가 큰 나라이다. '주무랑마봉(珠穆朗瑪峰)'과 투루번 분지의 고도 차이는 약 9,000미터나 되며, 거대한 고원과 드넓은 해양의 지리적 환경은 사실상 중국과 유럽 및 미주(美洲) 문명을 분리시켰다.

이러한 이유로 중국인들은 항상 자신들이야말로 가장

발달된 국가이며 세계에서 가장 문화적이고 예절을 알고 있는 나라라는 자부심으로 수천 년을 지내왔다. 유명한 鄭和(정허)의 항해는 서양인들이 보기에는 불가사의한 여행이었다. 정허는 일곱 차례나 원양 항해를 하였는데, 그 족적은 저 멀리 아랍반도와 아프리카의 동해안에까지 이르렀다. 하지만 영국이 하던 식으로 그 지역을 점령하고 식민지화하지를 않았으며, 아무런 경제적 목적도 없이 단지 중국의 황제(皇帝)를 대신하여 현지인들에게 안부를 묻는 식이었다. 그 당시 중국인들은 중국 이외의 다른 지역은 모두 오랑캐이며 이론적으로 모두 중국의 일부분이라 여겼기 때문이었다. 실제로 먼 곳에서 중국에 온 외국사절들은 모두 중국 황제에 대해 군신(君臣)의 예로써 중국에 복종할 것을 요구 당했다. 하지만 이러한 자부심은 더욱 선진화된 문명에 의해 여지없이 무너졌다. 19세기 중엽 이래 근 100년간 중국인들은 실로 외국 열강으로부터 온갖 수모와 고난을 겪었다. 만약 정치적 · 군사적 · 경제적 관점이 아닌 아주 근본적인 입장에서 볼 때 중국 수모의 가장 큰 원인은 중국 전통문화라고 할 수 있다. 구미 열강으로부터의 치욕은 과학 · 기술 · 정치 · 외교의 낙후가 중요한 원인이었으며, 일본과의 전쟁에서 패배한 것은 군사적 무능과 청나라 정부의 부패가 중요한 요인이었지만, 언행을 삼가고 모호한 태도를 취하고 중용(中庸)을 중요시 여기는 등의 진취적이지 못하고 안으로 움츠리는 문화적 특징이 아마도 실패의 가장 근본적인 이유일 것이다.

이러한 굴욕은 자부심에 젖어있던 중국인들이 쉽게 받아들일 수가 없었다. 그래서 개혁개방 이후 중국이 다시금 국제무대에 등장한 이후, 구미(歐美) · 일본 · 한국 등 선진화된 사회 환경과 부유한 국민생활을 바라다보는 중국인들의 감정은 매우 복잡하였다. 찬란하였던 과거와 빈곤한 현실 사이에서 중국인들은 선진국가의 외국인에 대해 부러워하면서도 질투어린 아주 기이한 감정을 가졌으며, 동시에 질 수 없다는 적극적인 감정도 섞여 있었다. "중국은 땅이 넓고 역사가 유구하고 찬란한 문화전통을 갖고 있다."라며 중국에 와서 허심탄회하게 중국을 배우고자 하는 외국인들은 항상 각별한 우대와 호감을 받아왔다. 외국인들은 원래 마땅히 그렇게 해야 한다고 중국인들은 고집스럽게 생각해 왔기 때문이었다. 하지만 외국인들이 자신들의 강력한 경제능력과 높은 과학기술의 수준을 보여주었을 때, 중국인들은 또 다시 자기 비하와 질투심에 빠지게 되었다.

중국인들은 자신들은 총명하며, 진일보된 발명과 창조는 중국인들 지혜의 결과라고 생각하였는데 사실이 그렇지 않다는 것도 깨달았다. 하지만 그러면서도 중국 사람들은 이에 대해 별 대수롭지 않게 생각하였다. 조만간에 따라갈 수 있으니까라고 생각했기 때문이었다.

중국사회에 관심 있는 외국인은 아마도 중국 사람들이

결코 외국의 제품이나 브랜드를 배척하지 않으며, 심지어는 외국의 유명 브랜드를 소비하는 것을 자랑스럽게 여기는 것을 느낄 수 있을 것이다. 80년대에는 외국담배가 유행하였고, 90년대에는 외국복장과 영화가 유행하였고, 지금은 음식에서부터 자동차 등 온갖 외국브랜드가 중국을 휩쓸고 있다. 중국 내륙의 작은 아파트 단지들도 '라인호반'과 같은 외국이름을 따고 있으며, 부동산 회사들은 한발 더 나아가 미국의 거리풍이나 유럽의 작은 마을풍과 같은 서양풍을 추구하기도 한다. 하지만 중국인들이 이렇게 한다고 해서 서양을 숭배하는 것이라고 오해해서는 안 된다. 중국인들은 과거에 서양으로부터 받았던 수모를 여전히 단단히 기억하고 있기 때문이다.

三. 중국인 눈에 비친 한국인

한국은 중국의 이웃이며, 중국의 주변 국가 중 한국은 중국인이 가장 친밀감을 갖는 국가이다. 이는 두 나라가 바로 인접해 있으며, 공동으로 외적과 싸울 때 함께 하였기 때문이다. 한중 두 나라는 문화특징이 매우 가까운 나라다. 역사 교류 관계로 두 나라 국민들은 유가문화를 숭상하였으며, 노인을 공경하고 유아를 보호하며, 예절과 효도를 중시하고 학문을 숭상하였다. 하지만 중국 사람들이 한국 사람들에 대해 갖고 있는 인식은 복잡한 면이 있기도 하다.

중국인들은 보편적으로 한국 사람들은 단결이 잘 되고, 애국심이 강하고, 민족의 응집력이 매우 강하다고 생각한다. 한국인들은 진취적이며, 그들은 세계에서 다른 나라가 겪지 못 했던 엄청난 민족적 재난을 겪었고, 국토분열의 아픔을 겪고 있다. 국토는 작으며 자원은 부족하고, 군사적 대치와 강대국들이 간여하는 복잡한 형세에서도 근면과 자주로 놀라운 경제성장과 사회적 발전을 이룩해냈다. 이러한 것들은 본받을 만하다고 중국인들은 여긴다.

한국 사람들은 선량하고 동적(動的)인 것을 좋아한다. 한국인들의 전통복장을 보면 무(武)를 숭상하는 민족이 아님을 금방 알 수 있다. 한국 여인들의 우아함과 부드러움, 근면함, 인내심은 아마도 세계 제일일 것이다. 한국인들이 노래를 잘하고 춤을 좋아하는 것도 유명하다. 아주 자그마한 가능성만 있으면 아무리 어려운 조건에서도 한국 사람들은 자신을 위해 즐거움과 행복을 찾아낸다. 그 유명한 한국 가무(歌舞)도 바로 이러한 민족성으로 인해 형성되고 발전된 것이다. 이는 한국문화 중 가장 가치가 있는 부분 중 하나이다.

하지만 고난의 한국역사로 인해 한국인들은 또 다른 특징을 갖고 있다. 성격이 급하고 감정이 격렬한 것이 바로 그것이다. 1910년부터 1945년까지 일본의 점령으로 한국인에 대한 일본인의 탄압과 멸시는 한국인들의 민족성에 반항적인 성분을 가미시켰다. 1950년 발발한 한국전쟁은 하나의 국토와 하나의 민족이 강대국의 영향으로 분열되었고, 이들이 겪는 국토분열과 골육상잔의 아픔은 다른 나라에서는 보기 드문 것이었다. 한국인의 급한 성격과 어떤 때는 지나치게 과격하고 감정이 앞서는 표현은 이러한 역사와 관련이 있을 것이다.

동시에 중국인들이 보기에 한국인들은 다소 자부심이 강하고 스스로 위대하다고 생각하는 것 같다. 어떤 때는 지나치게 민감하기도 하다. 이는 한국이 최근에 이룩한 신속한 경제발전과 관련이 있다. 일본과 비교할 때 한국인은 결코 일본에 뒤지지 않는다고 생각한다. 중국과 비교할 때 한국은 중국보다 훨씬 앞서있다고 생각한다. 아시아 네 마리의 용 가운데에서 한국은 완비된 공업체계를 가진 유일한 국가이다. 겨우 4천만 명의 인구를 가진 나라가 만들어낸 수많은 경제기적은 중국인들을 분발시킨다. 하지만 어떤 면에서 한국이 최고가 아니면 한국인들은 이에 대해 침묵을 지키곤 한다. 중국과 한국 사이의 전통문화의 교류와 영향에 대해 이야기해 보면, 많은 한국 사람들은 무지하거나 스스로 과대평가하거나, 혹은 불필요하게 역사에 대해 인정을 하려고 하지 않는다. 그래서 한국 사람들은 소국심리를 갖고 있고, 싸워서 이기는 것을 좋아한다고 중국인들은 생각한다. 하지만 지나치게 민감해서 국가나 민족 자존심에 관련된 문제가 언급되면 한국 사람들은 특별히 심각해지며 반응도 매우 격렬해져서 중국인들을 놀라게 하기도 한다. 어떤 때는 존경스럽다는 느낌도 주지만, 또 어떤 때에는 반드시 그래야 할 필요가 있는가라는 생각도 든다. 중국인들의 대국심리가 가져온 뚜렷한 부작용은 흩어진 모래알 같기 때문이다. 예를 들어 몇몇 한국 여자 운동선수들이 중국에서 거행된 운동시합이 끝나고 시상대에서 "백두산은 우리의 것"이라는 표어를 쓴 플랜카드를 들어 중국의 네티즌들이 이에 항의하고 격론이 벌어졌다. 하지만 이 문제에 대해 그렇게 신경을 쓴 사람들은 많지 않다. 만약 유사한 상황이 한국에서 벌어졌다면 엄청난 파장을 불러일으켰을 것이다.

한국의 젊은 세대는 민족성의 전환을 맞이하고 있다. 십몇 년 전만 하더라도 한국의 젊은이들은 윗세대의 보호와 위엄 속에 생존하고 발전해 왔다. 하지만 오늘날의 젊은이들은 다르다. 그들은 어른을 존중하는 유가문화의 전통을 유지하면서도 또 한편으로는 현대인의 개성을 추구하고 있으며, 아울러 문화 · 예술 영역에서 아시아를 이끌고 있다. 동북아지역에 대한 한류(韓流)의 영향은 매우 지대하다. 한류는 한국 젊은이들의 개방된 의식과 새로운 조류와 유행의 새로운 정신도 표현해 내고 있다. 한국의 많은 젊은 연예인들도 중국이라는 거대한 시장을 의식하고 중국에서 발전의 발판을 만들기 시작했다. 그야말로 지금은 한국과 중국의 청년들이 서로 교류할 수 있는 아주 좋은 시기이다.

第二篇

기업문화 및 내부관계

第一章 중국기업의 문화적 현황
第二章 중국인의 대인관계 특징
第三章 기업 유형에 따른 인간관계
第四章 기업 근무자들의 심리

기업문화는 최근 몇 년 동안 중국기업들 사이에서 자주 회자되는 단어이다. 2차 세계대전이 끝난 후 폐허가 된 일본경제의 신속한 발전에 대해 세계가 주목을 하였으며, 많은 경제학자들은 일본기업의 관리 방식 저변에 심층의 문화적 기초가 있음을 발견하였다. 일본인들은 자신들만의 독자적인 기업문화를 창출하였으며, 이로부터 기업문화는 연구의 한 대상이 되었다. 중국이 시장경제에 진입한 이후 기업의 경영과 발전 또한 각계 인사들이 매우 관심 갖는 중요한 문제가 되었으며, 여하히 기업 경영과 관리 수준을 높이느냐 하는 문제가 모든 기업이 가장 관심을 갖는 항목이 되었다. 그리하여 '기업문화'는 각계 인사들이 자주 언급하는 주요 개념이 되었다. 오늘날 중국은 어떤 각도에서 기업문화를 논하더라도 기업이 기업내부의 대인관계를 어떤 방식으로 강조하고 어떻게 대처하느냐 또는 여하히 이 관계를 정립하느냐 하는 문제들과 깊은 관련이 있다.

第一章 중국기업의 문화적 현황

넓은 의미에서 말하면, 인류사회가 오랜 역사발전 과정 속에서 물질의 발전을 기초로 창조된 각종 정신적인 산물이 문화를 구성하고 있으며, 좁은 의미에서 볼 때 또는 문화의 구체적인 표출의 각도에서 볼 때 문화는 일종의 사회 의식형태 및 이러한 의식형태에 상응되는 각종 조직 · 제도와 행위규범이라 할 수 있다. 한 국가나 한 민족에게 그들의 문화는 모든 국민과 모든 구성원이 인정하고 아울러 자연스럽게 매 개인의 행위에 스며들어야 한다. 기업문화는 기업이 생산경영의 발전 중에서 점차로 형성되어 기업의 전체 구성원이 인정하고 기업 자신의 취지 · 정신 · 가치관과 경영이념을 지니고 있어야 하며, 아울러 이들 이념이 기업 운영 과정에서 형성된 각종 행위규범 및 관리제도의 내용을 포함하고 있어야 한다. 기업문화는 기업의 영혼이요, 또한 기업 발전을 추진하는 내재적인 동력이다. 그 핵심은 기업의 정신과 가치관, 즉 기업과 기업의 모든 구성원이 제품생산과 경영을 해 가는 가운데 지녀야할 가치관이다.

아편전쟁 이래로 중국사회 발전에 대해 기본핵심은, 중국 전통을 축으로 하면서 서양 문물을 채택하느냐 아니면 전면적으로 서양의 문물을 받아들일 것이냐 하는 문제로 격렬한 논쟁을 진행해 왔으며, 그런 과정 중에서 어느 것이 진정으로 중국민족 발전에 적합한 구도인가를 찾기 위해 노력해 왔다. 개혁개방을 한 오늘날에는 어떤 경제발전 시스템을 채택할 것인가, 어떤 법률 제도를 본받아야 하는가, 어떠한 관리 마인드를 확립해야 하는가 등의 문제에 대해 정부에서부터 민간에 이르기까지 부단한 사고와 탐색을 하고 있으며, 이를 위해 서양국가의 각종 제도를 배우는 동시에 과연 어떠한 시스템이 중국 실정(實情)과 문화적 특색에 맞는지에 대해 그 길을 모색하고 있다. 중국의 기업계 인사들과 기업 경영을 연구하는 학자들은 선진국의 기업관리 이론 중에서 '기업문화'라는 관념을 배웠으며, 기업문화의 수립은 모든 기업에게 없어서는 안 될 개념이며, 전체 사회문화의 주요 구성요소이며, 기업문화는 객관적으로 모든 기업에 존재하고 있어서 우수한 기업문화는 기업의 발전을 촉진시키며, 불량하거나 또는 적합하지 않은 기업문화는 기업의 경영과 운영에 커다란 저해가 됨을 인식하게 되었다. 때문에 현대적 관리 감각을 갖춘 기업은 자신들의 기업문화를 수립하기 위해 부단한 노력을 기울이기 시작하였다. 현재 중국의 기업문화 현황에 대해 다음과 같이 몇 가지 측면에서 서술해보고자 한다.

一. 기업문화 건립에 대한 인식 부족

중국의 기업은 숫자가 적지 않다. 각종 대형의 국유기업 · 주식회사 · 수많은 중소기업 · 민간기업 · 자영업이 생존과 발전을 위해 애를 쓰고 있다. 하지만 기업문화라는 용어에 대해 다소 낯설어 하거나 또는 근본적으로 생각을 하지 않고 있다. 만약에 당신이 어떤 작은 규모의 기업 소유주와 기업문화 창출에 대해 이야기하면, 그는 조금도 거리낌 없이 "기업이 아직 돈도 벌지 못하고 직원들은 아직

배불리 먹지도 못하고 있는데 무슨 문화입니까?"라는 반응을 보일 것이다.

章(장) 사장은 4백 여 명의 직원을 거느린 회사의 사장이다. 그의 회사는 플라스틱 제품을 생산하는데, 한 번은 사업상 친구를 통해 적지 않은 기업들이 기업문화 문제에 대해 이야기하고 있다는 것을 듣고는 신기해서 도처에 기업문화가 무엇이며 무슨 도움이 되는가를 물었다. 문화란 바로 기업의 이미지이며 기업이 대외적으로 선전하는 가장 대표적인 내용이어서 기업의 경쟁력이 막강해지면 기업문화가 있게 되며, 반대로 기업이 일정규모에 미치지 못하거나 경쟁력이 구비되지 못하면 기업문화는 논할 수가 없다는 대답을 들었다. 장 사장이 보기에 기업문화는 단지 성공한 기업이나 대형 기업에만 있으며, 아직 발전초기에 있거나 규모가 크지 않은 회사에는 기업문화라고 말 할 무엇도 없는 줄 알고 있었다.

장 사장의 경우는 현재 중국의 많은 기업들이 이 방면에서 자신들이 하루 빨리 인식을 바꿔야 함을 보여주고 있는 사례이다. 그래서 기업문화란 일종의 객관적인 존재이며, 기업이 의식적이건 아니건 필연적으로 기업에 존재하고 있어서 기업의 장기적인 발전 가운데 자연스럽게 형성되고 있으며, 기업 자신의 스타일 · 관습 · 정신적 면모로부터 기업의 발전에도 커다란 영향을 끼치게 됨을 깨달아야 한다. 따라서 기업은 의식적으로 이를 기업 자신의 특색에 맞는 기업문화를 만들어 내고 배양하여야 하며, 이 기초 위에서 기업의 제도와 이념이 형성되어 기업의 행위나 전체 구성원들의 행위 속에서 자연스레 지켜지게 되어 기업발전에 강력한 추진력이 된다는 것을 인식하여야 한다.

二. 특색 있는 기업문화 창출의 결여

기업문화 개념의 제기와 이에 대한 응용은 서양기업들이 중국기업에 끼친 영향의 결과이다. 중국 자신의 기업관리 시스템이나 관리이론이 없는 상황에서, 그래도 기업 관리에 대해 어느 정도의 의식을 갖고 있던 중국기업들에게는 매우 신선한 충격으로 받아들여졌다. 그래서 이들은 앞다투어 구미 국가의 선진적인 기업관리 시스템을 배우기에 바빴다. 서양의 선진 기업관리 시스템을 받아들임과 동시에 서양기업의 기업문화도 함께 배웠다. 그러나 대부분의 기업들이 도대체 어떤 것이 중국 특색의 기업문화 스타일이냐에 대해서는 심각하게 생각하지 않았으며, 또한 어떻게 해야 중국의 수천 년의 전통문화 기초 위에 서양의 선진적인 관리 경험을 받아들이고, 자신의 기업적 특징을 결합시켜 최종적으로 자신만의 독특한 기업문화를 만들어 내느냐에 대해서는 각별한 인식을 하지 않았다.

기업문화의 저변에는 사회철학 사상이 담겨져 있다. 사회철학 사상은 사회 또는 민족의 사상과 문화체계의 특색을 구현하고 있으며, 한국과 일본기업의 저변에는 한국과 일본의 철학과 문화가, 미국기업 문화의 저변에는 서양철학과 문화가 배어있다. 하지만 중국기업 문화의 형성과정 중 많은 사람들은 맹목적으로 서양기업의 관리사상과 기업문화를 자신의 기업에 옮겨와서 단순히 '퍼오기 방식'으로 남이 이미 만든 경험이 자신의 기업에서 어떠한 역할을 하기를 바랐다. 전형적인 예로, 현재 많은 기업들이 ISO(국제표준화조직, International Organization for Standardization)의 기준에 의거해서 자신의 품질관리 기준을 설정하고 있는데, 이 품질관리 체계는 국제표준화조직이 국제간의 협력과 공·상업 표준의 통일을 위해 일정한 절차에 따라서 공표한 품질관리 기준이다. 중국도 ISO 품질인증기구를 설치하고 관련 규범을 정해서 많은 기업들이 이에 기초하여 자신들의 관리체계를 구축하고 있다.

제품 품질의 우수성은 기업의 생산과 경영의 각 부문 및 부서의 업무 질량에 따라 결정되는 것이다. ISO 인증 심사 시, 생산 전체 과정과 절차는 모두 관련 기록을 통해 점검된다. 하지만 이러한 엄격하고 규범화된 업무 방식을 많은 기업들이 일관성 있게 실시하지는 못하고 있다. 그래서 많은 기업들이 ISO 인증 심사 때가 되면 급하게 직원 몇 명이 모여앉아서 평상시에는 있지도 않았거나 기록에도 없던 품질 관련 문건들을 작성해서 심사에 통과될 수 있도록 대처한다. 이러한 상황이 발생하게 된 이유는, 현재 많은 기업들이 여전히 임의적인 관리 상태에 있어서 생산경영 방식이 규범화되어 있지 않아 생산이나 품질 관리가 ISO에서 요구하는 방식과는 달라서 기업들이 완전히 ISO의 기준에 따라 품질관리를 하는 것이 쉽지 않기 때문이다. 따라서 이러한 후진성 때문에 기업문화의 수립이나 기업관리, 품질 향상 등 각 방면에 걸쳐서 중국기업들은 광범위하게 서양의 우수한 관리 사상 및 제도를 받아들이려 노력하고 있다.

1919년의 5 · 4운동이나 1960~70년대의 문화대혁명 등의 사회 대변혁 운동을 거치면서 형성된 중국인의 자기 부정(否定)과 현대의 서양사상과 문화의 거대한 충격 등으로 중국 전통문화는 혼란과 다원화된 상태에 빠져 있다. 따라서 기업문화의 확립 등과 같은 새로운 개념의 창출에 대해서 중국 전통문화의 근저를 유지하기란 쉽지 않다. 중국기업이 중국만의 독특한 기업문화를 수립하기 위해서는 많은 노력을 기울어야 하며, 한국 · 일본이나 싱가포르 등과 같이 자신의 강력하고 안정된 가치 체계를 유지하면서도 동시에 동서양이 융합된 방식의 기업문화 창출을 중국은 좋은 귀감으로 삼아야 할 것이다.

三. 형식주의

陳娟(천쥐엔)은 대학을 졸업하고 2년 후 복건성(福建省)

의 주방용품을 만드는 회사에 사장 비서로 취직하였다. 회사에는 3개의 생산 라인과 영업부가 있으며, 전국 각지에 50여 군데의 대리점이 제품 판매를 담당하였다. 최근 몇 년 동안 이 업계에서 발전 속도가 비교적 빨랐다. 회사가 어느 정도 궤도에 오른 후 농민 출신에 학력이 별로 없는 이 회사 사장은, 기업이 한층 더 발전해서 업계에서 서열 몇 등 안에 들었으면 하였다. 그는 '기업문화'에 대해 듣고는 아주 좋은 관리제도라 여겨서 자신의 회사에 도입을 해서 자신도 기업문화라는 것을 만들고자 하였다.

천쥐엔이 회사 업무에 어느 정도 익숙해지자 사장은 그녀에게 기업문화 건립의 임무를 맡기면서 다음과 같은 세 가지 업무를 주었다.

1) 회사 간행물을 발행해서 기업의 생산품과 서비스를 선전하는 데 사용하고, 아울러 회사의 간부와 직원 및 대리점의 원고를 받아서 게재한다.
2) 회사 내에서 문화활동을 수시로 개최하고, 명절 전날에는 친목회를 열고, 쉬는 날은 팀을 짜서 여행을 간다.
3) 회사 직원들의 생일을 통계로 뽑아서 이들의 생일날, 회사의 명의로 선물을 한다.

사장으로부터 새로운 임무를 부여받고 천쥐엔은 "이러한 일을 하면 우리 회사에 정말로 기업문화가 생기는 것일까?"라는 의구심이 떠올랐다. 사장은 이런 작업들이 직원에 대해 회사가 관심을 갖고 있다는 것을 나타내 주는 것이며, 기업 안에서 문화적 분위기를 구현시킬 수 있으므로 이것이 바로 기업문화라 생각하였던 것이다.

중국의 많은 중소기업들이 기업문화를 창출해 내는 과정에서 바로 이러한 인식을 갖고 있다고 말할 수 있으며, 이는 매우 전형적인 형식주의에 속한다. 즉, 표면상 '문화' 같이 보이는 활동을 하면 바로 기업문화를 구축할 수 있다고 생각하는 것이다. 다시 말해 기업문화의 실질적 의미가 무엇인 지에 대해서 아무런 이해도 없고, 어떠한 목표를 세워야 하는 지에 대해서도 인식이 없다. 기업문화의 구현은 장기간에 걸친 노력 끝에 기업의 내재적 정신을 발굴해 내고, 일련의 제도를 통해서 실현해야 하며, 기업 전체 구성원들이 창출하고 함께 인식해야 하는 것이다. 하지만 적지 않은 기업들이 구체적인 성과에 급급한 나머지 몇 개 간행물과 몇몇 문화활동, 직원에 대한 몇몇 종류의 관심을 통해 근무자들의 적극성을 고취시키고 창의성을 불러일으켜 이로써 기업의 생산과 경영적 성과가 커지기를 잘못 기대하고 있는 것이다.

중국의 유명기업인 청도(青島)의 '하이얼(海爾)'은 일찍이 영국의 《파이낸스 타임지(金融時報)》에서 실시한 2005년도 중국의 10대 세계급 브랜드 조사에서 1등을 차지하였으며, 전 세계에서 가장 영향력이 있는 중국기업 중 하나로 뽑혔다. 하이얼 그룹의 창립과 발전에 최고지도자 역할을 한 張瑞敏(장루이민) 총재는 "기업발전의 영혼이 기업문화이며, 기업문화의 핵심내용은 가치관이다."라고 생각하고 있다. 오늘날 하이얼 기업은 이미 기업의 물질문화나 행위문화 또는 정신문화이건 간에 모두 중국기업들이 배우고 있으며, 기업경영 연구자들이 연구하고 있는 대상이 되고 있다. 하지만 성공한 기업인 하이얼의 기업문화는 결코 형식주의의 표면적인 행위로 창출해낸 것이 아니다. 기업의 지도자들이 기업 건립 초기부터 기업발전의 실제적인 상황에 근거하여 부단히 목표를 확립하고 오랜 기간에 걸친 노력을 거쳐 점진적으로 이루어낸 것이다.

1984년, 장루이민이 하이얼 총재로 취임하였을 때, 하이얼은 여전히 부도 직전의 집체소유(集體所有)의 조그마한 공장이었다. 일설에 의하면, 그 당시 하이얼의 실제 상황에 의거해서 장루이민은 두 가지의 아주 간단한 제도를 만들었다고 한다.

첫째는 늦지 말고 조퇴하지 않는다. 둘째, 생산 공장 안에서 소변을 보지 않는다.

오늘날 세계적으로 유수한 기업인 하이얼도 왕년의 보잘것없고 낙후한 상태에서 하나씩 하나씩 발전해 온 것임을 알 수 있다. 하이얼의 기업문화는 한 발자국 한 발자국 걸어오며 창출한 것이었다.

四. 다양한 기업문화의 유형

우리가 앞에서 분석하였듯이 현재 중국에는 여러 인간 그룹과 여러 지역 각자의 문화적 차이가 존재하고 있으며, 각 지역에 대한 전통문화와 서양 현대문화의 영향도 그 정도가 각기 다름을 알 수 있다. 이러한 상황으로 현재 중국 기업가 계층에는 지역 · 문화 · 성격 등 각 방면의 차이가 존재하고 있다. 혹자는 다른 나라에 비해 상대적으로 이러한 차이가 중국에서 더 두드러진다고 이야기한다.

어떤 의미에서 기업문화는 사실상 기업 창업자 자신의 문화이기도 하다. 지금 중국의 기업 경영자들은 대부분 기업 초기의 창업자이며, 기업을 창업할 때 개인의 문화 경력과 문화 개성을 기초로 하였으며, 기업의 초기 발전 단계에서도 창업자 개인의 구상에 따라서 전개되었기 때문이다. 기업 창업 초기에 창업자 개인의 문화적 특징은 자각적이건 아니건 기업 관리에 영향을 미치며, 기업의 발전 목표나 가치관 또는 기업 내부관계의 업무 스타일이나 기업의 각종 제도 및 집행 등, 모두 창업자 개인의 흔적을 남기게끔 된다. 따라서 창업자의 사상과 관념의 개방 정도는 이후 기업을 계승하는 경영자가 창업자가 확립한 기업 스타일 위에 얼마나 기업을 발전시키고 개진할 수 있는 지를 결정하게 된다.

중국의 기업문화에는 각종 유형이 있다. 중국기업들이

기업문화 창출에 있어서 반드시 자각적이거나 의식적은 아니더라도 다양한 문화적 특징을 지닌 기업가들의 영향으로 실제로 각종 유형의 기업문화를 창출해 내고 있으며, 다른 나라 기업문화의 유형도 중국에서 존재하고 있기 때문이다. 이에 대해 기업 내부의 각종 관계와 관련된 문화적 측면에서 다음과 같이 분류해보고자 한다.

(一) 협력형 기업문화

20세기 후반기, 서양의 선진국에서는 계약 또는 협동을 기초로 하는 기업문화가 창출되었는데, 이는 기업 정책 결정의 민주적인 절차와 대화(對話) 또는 서로간의 타협을 특징으로 한다. 이런 유형의 기업문화는 평등과 협력의 분위기를 주장하며 합리적인 업무 수행절차를 진행시키며, 서로간의 충분한 대화와 타협을 강조한다. 이런 분위기에서는 기업 개개인간이 인정하는 합리적인 절차 속에 함께 작업을 수행해 나간다. 어떤 모순이나 문제점이 발생하였을 때, 모든 직원들은 일정한 경로를 통해 자신의 생각과 의견을 회사의 관리직과 정책 결정자에 반영시킨다. 회사의 각종 정책결정은 협상과 토론을 거쳐 민주적인 절차에 의해 결정된다. 중국시장에 진출한 다국적기업들은 이러한 기업문화를 중국에 들여왔다. 이들 기업 중에서는 이러한 문화적 의식을 갖춘 관리직 직원들을 배양시키고 있으며, 이들 인원들이 다른 곳으로 이동함에 따라 이런 기업문화를 다른 기업에 대입함으로써 점차적으로 중국기업들에게도 영향을 주고 있다.

(二) 계급형 기업문화

계급은 권위를 상징한다. 중국이건 서양이건 봉건사회는 엄격한 계급을 특징으로 한다. 때문에 전통기업 중에는 필연적으로 엄격한 계급적 색채를 지니고 있는 기업들이 있다. 윗사람은 아랫사람에게 절대적인 권위를 갖고 있으며, 아랫사람들은 필히 윗사람에게 복종해야 한다. 만약 복종을 하지 않으면 회사의 제재를 받거나 해고된다. 그래서 강력한 계급형 문화는 서양전통의 기업문화이기도 하고 아시아의 많은 나라들의 기업 창업 초기의 문화스타일이기도 하다. 비근한 예로, 중국에 투자한 한국 · 일본 · 대만기업의 대부분은 직원에 대해 엄격한 통제와 관리를 하고 있다. 80년대 생겨나기 시작한 중국 농촌의 집단기업에서는 어떤 사장들이 화가 나서 아랫사람을 때리더라도 아랫사람은 아무런 반항도 하지 못하는데 이러한 것들이 전형적인 계급문화의 사례이다.

(三) 화합형 기업문화

유가문화(儒家文化)는 화합과 융화를 추구한다. 동아시아에서 유가문화의 영향을 받은 나라 중에서 기업들은 더욱 더 가정스타일의 문화적 분위기를 연출한다. 이는 가족형 기업에서 더욱 두드러진다. 이런 기업들은 마치 대가정과 같아서 기업의 창시자 또는 최고 경영자는 바로 대가정의 가장이 된다. 자애로운 아버지형의 이런 기업들은 기업 내부관계의 화목과 안전을 강조하며, 경영자는 아랫사람에 대한 자애 · 보살핌과 신임을 통해 아랫사람들의 충성과 복종을 유지한다. 가족식 관계를 통해 기업 전체 구성원의 화기애애한 분위기를 추구하는 것이다. 중국의 많은 민영기업 가운데 기업의 행정 · 재무 · 생산 · 판매 부문의 관리인들은 통상 사장의 형제자매 또는 친척들이다. 그들은 종종 혈연관계를 기초로 가정식의 화목형 문화를 연출하고 있다. 당연히 이러한 화목은 아랫사람들의 복종을 전제로 하고 있다. 만약 윗사람에 대해 복종을 하지 않는다면 가장(家長) 역할의 관리자 또한 가장의 권위로써 이에 대한 처벌을 가한다.

(四) 봉사형 기업문화

이는 중국이 아직 계획경제 시기에 있을 때 국영기업들의 전형적인 기업문화이다. 이런 문화는 집단주의 정신을 강조하며, 개인은 기업 또는 단체를 위해 사심 없는 봉사를 하여야 하며, 이익 배분에 있어서 평균주의를 지향한다. 현재 국영기업들이 여전히 직원들에게 단체정신을 유지할 것을 요구하고 있지만, 무조건의 봉사정신을 내거는 기업은 거의 없다. 그 대신에 노동에 따라 대가를 더 많이 받는 분배 원칙으로 대체되고 있다. 하지만 중국에서는 지역에 따라 여전히 이러한 단체정신을 중시하는 기업문화가 존재하고 있으며, 괄목할만한 효과를 거두는 기업도 있다. 예를 들어 하남성(河南省) 남가촌유한공사(南街村有限公司)는 남가촌(南街村) 마을에서 창업한 기업인데, 남가촌은 1991년 하남성(河南省)에서 '일억 원 마을(億元村)'이 된 곳이다. 이 기업의 연간 생산액은 인민폐 16억 원을 돌파하였다. 이 마을과 기업의 경영문화 이론과 목표는 "막스레닌주의 · 毛澤東(마오져뚱) 사상 · 鄧小平(떵샤오핑) 이론을 견지하고, 인민을 위해 헌신적인 봉사를 하여 타의 모범이었던 雷鋒(레이펑)의 정신을 본받고, 혁명가곡(革命歌曲)으로 고무시켜 공산주의 건설을 목표로 하며, 노동자와 마을 사람들의 집단의식을 강조하는 집체주의 분위기가 강한 회사이다. 이 마을의 공산당 간부 · 노동자 · 마을사람들은 직업의식이 투철하고 봉사를 즐겨한다고 한다.[19] 이 마을과 기업은 크게 성공하였으며, 그들은 평등주의의 경제시스템을 운영하고 마을사람들은 마을과 기업에 출근하여 매달 월급이 많지는 않지만 무료로 식량 · 고기 · 기름 등을 배급받으며, 주택 · 교육 · 의료 · 혼상례에 일절 돈이 들어가지 않으며, 마을사람이 대학에 진학하면 마을에서 그 경비를 부담한다. 현재 '남가촌(南街村)'[20]은 중국

---

19 http://www.nanjiecun.cn/cun 南街村網

20 http://news.china.com/zh_cn/history/photos/11025921/

에서 매우 유명한 브랜드가 되었다.

(남가촌의 가두 선전문)

(남가촌이 마을 사람들에게 나누어 준 냉장고와 아이스박스)

20050718/12491773_2.html

第二章 중국인의 대인관계 특징

기업 내부에는 사장 · 부장 · 일반 직원 등 계급층이 존재하고 있으며, 내부관계로는 각 부서간의 협조와 각 부서간의 동료 및 같은 부서 내 동료 간의 대인관계 등이 있다. 마치 하나의 작은 사회와 같아서 사회의 거의 모든 요소를 갖추고 있다. 만약 중국기업 내부의 대인관계의 상황을 이해하려면 중국사회 대인관계의 특징부터 알아보아야 한다. 유구한 역사를 갖고 있는 국가로서 중국사회와 중국인들은 고유한 문화와 개성을 갖고 있으며, 이들 문화와 개성은 각종 대인관계 속에서 아주 잘 드러나고 있으며, 당연히 기업 운영에서도 상당한 영향력을 발휘하고 있다.

一. 안전과 신뢰에 대한 요구

교류하는 사람에 대해 안전감과 신뢰감이 있어야 하는 것은 모든 민족의 대인관계의 기초이다. 사람들과 교류하는 과정 중에 '안전'은 가장 우선적으로 고려되는 요소이다.

인류의 조상은 타인과 교류할 때 상대방이 자신에게 적대감이 없는지 혹은 위험은 없는지 등을 먼저 살폈다. 오늘날에도 이와 관련된 많은 방식이 존재하고 있다. 예를 들어 악수한다거나, 허리를 굽혀 절을 한다거나, 혹은 뺨을 서로 비빈다거나, 볼에 키스를 한다거나 하는 방법들이 있는데, 이런 행동들은 "나는 안전하며 당신에게 우호적이며 무기도 없고 당신에게 적의가 없다."라는 안전신호를 상대방에게 보내는 것이다.

중국문명은 황하(黃河) 중·상류 지역, 즉 황토고원의 자연환경에서 발원하였다. 먼 옛날 황토고원의 자연환경은 아주 우호적인 것은 아니었다. 이곳의 토지는 척박하고 산림도 울창하지 않았으며, 사람들은 자연계로부터 쉽게 생활에 필요한 식량 등의 자원을 얻을 수도 없었다. 이 시기의 사회는 식량과 노동력을 기초로 존재하던 사회였다. 그래서 사람들 사이의 관계도 이들 요소와 연관이 있었다. 사람들이 왕래하는 가운데 가장 우선적으로 고려해야 할 사항은 상대방의 교양이나 용모가 아니었으며, 재산이나 의복은 더더욱 아니었다. 가장 중요한 것은 바로 '안전'이었다. 저 사람이 나에게 적의가 있을까? 나를 해치지 않을까? 나를 공격하거나 나를 잡아가서 노예로 삼지 않을까? 등등. 이와 같이 단순하고 두려운 대인관계는 사람들의 의식이 깨이고 법에 의해 통제되는 사회가 될 때까지 오랫동안 존속하였을 것이다. 하지만 오늘날까지 '안전'에 대한 요구는 여전히 우리가 가장 관심을 갖는 대인관계의 내용이며 중국인들이 인간관계를 맺는 가장 기본적인 전제라 할 수 있다.

오늘날 사람들이 안전과 신임에 대해 갖고 있는 주된 이해는 더 이상 생명에 대한 위협·살상·무력투쟁 등은 아니다. 하지만 그 먼 옛날 존재하였던 타인에 대한 경계심은 여전히 존재하고 있다. 다만 더욱 복잡한 정신적 판단이 필요하게 되었다. 예를 들면, 갓 알게 된 사람이 비교적 가까운 관계나 친구로 발전되려면 필연적으로 어느 정도 서로간의 신임이 생겨야 하며, 자신한테 우호적이며 속이거나 상해를 입히지 않는다는 등의 기본적인 조건을 확인하게 된다. 낯선 사람이 기업에 입사하면 우선은 다음과 같은 사항을 판단하게 된다. 예를 들어, 저 사람 나에게 우호적일까? 나와 협력하려고 할까 아니면 경쟁적 태도를 취할까? 저 사람의 능력이 나보다 뛰어날까? 혹은 나의 밥그릇이나 지위를 위협하게 되지 않을까? 등등의 내용을 내심 생각하게 될 것이다. 이러한 판단을 한 다음 사람들은 비로소 점차 이에 상응하는 관계, 예를 들면 우호관계, 협력관계, 경쟁관계 또는 적대적 관계 등의 대인관계를 형성해 간다.

二. 기본적 보장

많은 중국인들은 다음과 같은 상황에 종종 마주치게 된다. 친구 집에 초대되어 그 사람의 부모나 식구와 같이 밥을 먹을 때, 식탁에서 친구의 어머니로부터 "많이 먹어라"라는 말을 부단히 듣는다. 노인들은 손님에게 밥이나 요리를 얹어 주기도 한다. 어떤 때는 음식이 아직도 많이 남아 있음을 강조하면서 더 먹을 것을 권한다. 이들 중국 노인들은 배고팠던 어려웠던 시절을 지내고 물질이 부족하였던 시기를 체험하였던 분들이다. 그 당시는 배불리 밥 먹는 것이 많은 사람들의 가장 기본적인 생활목표였을 것이다.

중국의 기나긴 역사 속에서 다수의 시간은 생활이 결코 부유하거나 안전하지 않았다. 많은 기간에 걸쳐 천재(天災)와 인재(人災)가 끊이지 않았으며, 자연환경의 영향과 사회 환경의 열악성은 역사상 모든 시대에 존재하였으며, 이는 곧바로 사람과 사람 관계에도 깊은 영향을 끼쳤다. 사회질서가 기본적으로 법제(法制)에 의해 보장받고, 사람들 사이도 상대적으로 안전하게 되어 다른 사람으로부터 생명의 위협을 덜 받게 되는 시기에 접어들면서 중국인들의 대인관계에서 가장 우선적으로 고려하던 사항에 변화가 생겼다. 그것은 다름 아닌 기본생활에 대한 보장이었다. 비록 이러한 요구는 모든 사회나 다른 민족의 인간관계에서도 나타나고 있지만, 중국인들이 가난에 대해 갖고 있는 지독한 기억들은 너무나 선명해서 대인관계에서도 이러한 면이 그대로 드러난다. 그래서 중국인들은 타인과의 관계에서도 본능적으로 기본적인 생활보장에 대한 관심을 갖게 되며, 생활의 보장이 확인된 이후에야 비로소 타인과 원만한 관계가 존재하게 된다. 이러한 상황은 중국인이 왜 특별히 음식과 거주에 대해 관심을 갖고 있으며 아울러 이들 방면의 문화가 왜 특별하고도 독창적인지를 이해하는데 도움을 준다.

많은 외국 사람들도 중국에는 8대 요리 계보가 있다는 것을 알며, 중국 음식문화의 풍부함에 대해 감탄한다. 그러나 8대 요리 계보도 결코 중국의 그렇게 복잡한 각 지역 음식의 특색을 전면적으로 반영하지는 못한다. 예를 들면 8대 요리 이외에도 동북요리, 귀주(貴州)요리, 운남(雲南)요리, 서북지역의 이슬람 요리 등도 매우 사랑을 받고 있다. 각 지역의 먹을거리는 통계를 제대로 내지 못할 정도로 그 수가 엄청나게 많다. 중국의 각 지역 사람들은 음식면에 있어서 엄청난 상상력과 창조력을 발휘하는 것 같다.

이 이외에도 중국의 그 복잡한 지리환경 속에서 중국인들이 거주방면에서 발휘하고 있는 재능 또한 놀랍다. 도시의 사합원(四合院) · 석고문(石庫門) · 시골의 담장 가옥 · 동굴집 등, 조건이 허락하기만 하면 중국인들은 이 영역에 있어서 아이디어가 매우 풍부하고 많은 돈을 투자하는데 아끼지 않는다. 종합적으로 분석하면, 먹는 것과 거주하는 것을 통해 가장 기본적인 생활조건을 실현시키고 보장받으려고 하는 것이다. 이 기초 위에 비로소 대인관계와 각종 교류를 논할 수 있는 것이다.

三. 계급구별

彭(펑) 씨는 하남성(河南省)에 있는 어느 국영기업의 노동자이다. 최근 이 기업의 영업실적은 그다지 좋지는 않지만 그래도 제품은 계속 생산되고 판매되고 있었다. 그래서 근무자들은 매달 겨우 수백 원의 월급을 받고 있었지만 다른 소규모 국영기업과 달리 실직도 당하지 않아서 모두들 그런대로 괜찮다고 여기고 있었다. 하지만 반년 전에 이 회사는 주식을 광동성(廣東省) 출신의 사장에게 넘김으로써 민간기업으로 변하였다.

새 주인이 들어선 다음 기업에 대해 대대적인 조정에 들어가 일부 직원들은 해고되고, 원래 균등주의 분배 방식이었던 월급도 지급방식에 변화가 생겼으며, 직장의 인원들도 재배치되었다. 원래 수입이 비슷하였던 사람들이 이제는 임금 격차가 서서히 커지기 시작하였다. 펑 씨 밑에서 일하던 직원이 공장의 주임으로 임명이 되었으며, 그의 친구도 반장이 되어서 월급이 펑 씨보다 훨씬 많아지게 되었다. 펑 씨는 마음이 영 편치 않았다. 하지만 만약 당신이 펑 씨에게 "사장의 월급이 당신보다 훨씬 많은데 마음이 편치 않습니까?"라고 묻는다면 그는 아마도 "그럴 리 있겠습니까? 그 사람은 나와 달라요. 그는 기회도 잘 만났고, 돈을 많이 버는 운명을 갖고 태어났잖습니까!"라고 대답할 것이다.

사실 전통적 중국인들은 보편적으로 계급관념을 갖고 있다. 수천 년을 이어온 봉건왕조 시기 동안 계급은 줄곧 중국사회의 인간관계를 구별하는 기본적인 방법이었다.

귀족과 빈민 사이에는 넘을 수 없는 갭이 있었고, 관리(官吏)와 백성 사이에도 명확한 권리와 지위의 차이가 있었다. 이러한 구별로 인해 경제적인 면뿐만 아니라 정치적 심지어는 문화적 차이도 생겼다. 같은 계급 사이에서는 비슷한 사회적 지위와 권리를 갖고 있었으며, 비교적 유사한 발전기회를 얻거나 경제적 정치적으로 비슷한 대우를 누릴 수 있었다. 때문에 같은 계층 사이에서는 상대적으로 평등한 교류 규범이 있었다.

같은 계급 사이의 예의 규범은 어떤 때에는 다른 계급에 속한 사람에게 적용할 수 없었다. 예를 들어 왕공(王公)이나 귀족 사이의 예절을 가지고 평민들을 대할 수 없는 이치인 것이다. 특이한 점은 중국인들에게는 "부족한 것은 걱정하지 않는다. 오히려 불평등할까 걱정된다."라는 문화전통이 있다. 다시 말해서 같은 계층 사이에서는 생활이 어렵더라도 모두들 비슷한 생활을 하기 때문에 가난을 참을 수 있지만, 사람들의 수입이 다르고 생활수준도 차이가 나서 부유한 사람도 생기고 가난한 사람도 생기면 많은 사람들이 심리적으로 이를 받아들이기가 힘들다는 것이다. 하지만 이러한 현상은 계급과 계급 사이에서는 나타나지 않는다. 공자(孔子)도 "부귀(富貴)에는 명(命)이 있고, 생사(生死)는 하늘에 달려있다."라고 이야기 했듯이, 많은 중국인들에게는 자기의 운명을 그대로 받아들이는 사상이 있다. 이러한 사상의 영향으로 계층이 높은 사람한테는 당연히 그들의 지위와 부, 권리를 부러워한다. 하지만 이는 하층 계급 사람들이 관심 갖는 부분이 아니다. 지위가 높은 사람들은 그들의 운이 좋아서 그렇게 된 것이며, 그들의 운명은 자신과는 너무 거리가 멀어서 비교할 수 없다고 여기기 때문이다. 문제는 같은 계급 사이에서 평등과 균형에 균열이 발생하면 사람들은 심리적으로 편치 않아지기 시작하여 불만과 질투가 생겨난다. 사람들 사이에서는 이로 인해 긴장관계가 생기게 된다. 이와 같이 동일 계급 내에서 표면적인 평등성은 오랜 세월 중국사회의 기본적인 균형을 유지시켜온 중요한 법칙이다.

자연과 사회 환경이 상대적으로 열악하였고, 중국 봉건사회의 계급에 의한 통치력은 매우 강대하여서 개인의 권리는 무시되고 침해되는 것이 다반사여서 수천 년간 민중들은 이러한 환경에 길들어져 왔다. 따라서 물질의 부족이나 타 계층에 비해 불평등한 대우, 인정받지 못하는 서민들의 권리 등을 숙명으로 받아들이면서 살아왔던 것이다.

중국사회가 민주와 법치 단계로 들어선 오늘날, 사람들은 점차로 민주 · 평등 · 합리 등의 새로운 개념을 받아들이기 시작하고 있다. 하지만 오랜 세월동안 굳어진 인식은 여전히 대인관계에서 상당한 영향을 미치고 있다. 개혁개방 이전에 중국인들은 대부분이 가난한 생활을 지냈지만 생활수준은 모두 비슷해서 서로 간에 인정을 하면서 편안한 생활을 지냈다. 하지만 개혁개방 이후 鄧小平(떵샤오

핑)의 "일부분의 사람들을 먼저 부유하게 한다."라는 정책이 제시되고 각종 개혁 조치가 취해진 이후, 일부분의 사람들이 먼저 부를 쌓기 시작해서 다른 사람보다 더 많은 재물과 권리를 갖게 되었다. 이로써 오랜 기간 유지해 왔던 평등 관념이 깨지면서 사람들의 교제에서도 심리적 균형이 무너져버렸다. 그래서 앞에서 예로 들었던 彭(펑)씨 같은 사람들은 만약 자신의 마음을 제대로 다스리지 못하거나 또는 노력을 해서 자신의 업무 능력을 제고시키지 못한다면 원래 친한 사이였던 사람들과의 교류에도 상당한 어려움을 겪게 될 것이다.

四. 협동의 추세

郭明(꾸오밍)은 민간기업인 어느 판매회사 사장인데, 작년에 두 차례에 걸쳐 이사장에게 동일한 내용의 건의를 올렸다. 그 내용은 회사가 일정한 경비를 지출해서 전문적인 영업직 훈련 강사를 초빙해 영업부문 전체에 대해 시장 영업 전략과 단체 협력정신에 대해 교육을 실시하자는 내용이었다.

이사장은 처음에는 현재 회사의 영업 상태가 괜찮으니 구태여 돈을 들여 무슨 훈련을 할 필요 있겠는가라며 꾸오밍의 제의를 거절하였다. 하지만 꾸오밍은 이사장에게 "협동은 단체가 움직이는데 매우 필요한 요소이며, 현대사회의 시장 경영에서 아주 절실히 요구되는 중요한 항목이며, 협동정신과 협동전통을 갖춘 집단을 양성하면 회사 발전에 커다란 도움이 될 것."이라고 자신의 견해를 적극 피력하였다. 그는 결국 이사장을 설득시켜 회사로 하여금 전문적인 교육기관과 계약을 맺어 반년마다 영업부문의 일반 근무자와 중간 간부를 대상으로 교육을 실시하였다.

'협동'은 시장경제라는 새로운 환경을 맞이하여 대인관계에서 매우 권장되는 어휘이다. 모두들 공통의 목표를 갖고 원칙을 준수하며, 각자의 차이를 버리거나, 각자의 모순을 극복하여 공동의 목표를 완성해 나가야 한다. 합작투자, 동료와의 업무, 친구와의 학습, 또는 무역이건 어떠한 영역에서든지 사람들은 시간이 흐를수록 협동의 중요성과 필요성을 깨닫고 있으며, 사람들과의 교류 속에서 협동의 방식을 배우고 운영하며 함께 발전을 모색하여 가장 최상의 효과를 거두며 설정한 목표를 향하여 나아간다. 개혁개방의 진통과 경제 발전 중 생겨난 갖가지 시련과 사회구조의 대폭적인 조정을 거치면서 중국인, 특히 경제가 발달한 지역에 사는 중국인들은 협동의 중요성을 깨닫기 시작하였다.

앞에서 예로 들었던 국영기업에서 일하는 彭(펑)씨가 만약 실직을 해서 생존을 위해 동업자 몇 사람을 찾아서 함께 장사를 시작한다면 어떠한 사람을 선택할까? 우선 그는 돈 많은 사장들은 찾아가지 않을 것이다. 그 사람들은 돈도 없고 권력도 없고 큰 재주도 없는 펑 씨를 아예 상대해 주지 않을 것이기 때문이다. 그 다음, 과거 길거리에서 노점 하던 사람들도 찾지 않을 것이다. 펑 씨가 보기에 그 사람들은 이전에 본업에 충실하지 않았거나 심지어는 범죄를 저지른 사람들도 있어서 만약 그들과 함께 장사를 하면 마음도 편치 않고 자신의 체면도 구길 것이라는 생각에서다. 세 번째로 지식인들도 찾지 않을 것이다. 학문을 많이 한 사람들은 책벌레 아니면 생각이 너무 복잡하다는 생각이 들고, 자신이 만약 그런 사람들과 함께 일을 한다면 자신의 머리도 부족하다고 느끼기 때문이다. 결국 펑 씨가 선택하게 될 동업자는 아마도 자신과 처지가 비슷한 실직 노동자일 것이며, 손에 저축한 것도 좀 있고, 사람됨이 성실하고, 서로가 믿을 수 있는 사람이라면 최상일 것이다. 중국인들이 동업자를 선택할 때 그들 대부분은 우선적으로 계층이 같고 사회지위가 비슷한 사람들을 고려한다. 같은 계층의 사람들끼리 협력을 하면 동업 목적을 실현시킬 수 있는 가능성이 비교적 크며, 또한 그래야만 의기가 투합할 가능성이 크기 때문이다. 만약 사회적 지위가 너무 차이가 나는 사람끼리 동업을 하면 지위가 낮은 사람은 높은 나무를 타야하고 지위가 높은 사람은 신분을 상실한다고 여기기 때문이다. 이런 관념으로 원래는 잘 협력할 수 있는 사람들도 경제력이나 정치적 지위 또는 문화수준 차이 때문에 서로간의 거리가 생기게 된다는 인식이 생겨났다. 이는 앞에서 이야기했던 펑 씨 같은 사람들이 주로 갖고 있는 사고방식이며, 중국인들의 일반적인 심리상태이기도 한 것이다. 그 결과 중국인들은 사교 범위에 대해 일단 획을 긋고 이 범위 내에서 협력할 상대를 찾는다.

예를 들면 중국인들이 협력 대상자를 찾을 때 우선은 자신의 친척이나 친구 권내에서 찾는다. 이들 권내의 사람들이 동업을 위한 기술이나 능력 등을 갖고 있어서가 아니라 이들과 협력해야 비교적 안전하다고 느끼기 때문이다. 이런 방식은 다소 원시적인 것 같아 보일지 모르겠지만, 중국인 대다수가 이 방식을 취하는 것이 중국사회의 보편적인 현실이다.

하지만 이제는 상황이 바뀌었다. 시장경제가 급속히 발전하고 사회가 부단히 진보하면서 사람들의 관념도 변화하게 되었다. 각종 행위의 목적이 반드시 심리나 관습 또는 문화전통에 부합해야 할 필요는 없으며, 합리성과 이익을 극대화시키면서 목표를 실현시키는 것이 더 중요하다는 것을 인식하기 시작한 것이다. 그래서 동업을 위한 가장 기본적인 요소는 인품 · 감정 · 신뢰는 물론이지만, 같이 동업할 수 있는 자금 · 기술 · 지식 등 다른 방면의 조건도 갖추고 있는가를 따지기 시작하였다. 중국사회의 경제환경은 자신이 속해있는 조그마한 영향권만으로는 충분한 인력과 자원을 얻을 수 없으며, 함께 협력하면서 효과적으로 목표에 도달할 수 있는 가장 최상의 조건을 찾는다는 것도 결코 쉽지 않다는 사실을 깨닫게 하였다. 때문에 시장경제라는 새로운 환경에 이미 적응한 사람들은 낯선 사람들과도 동업하는 것을 배우고 있으며, 협력 동반자를 찾아서 계약서를 작성하고, 각자의 장점을 발휘해서 공동의 목표를 실현시키는 방향으로 나아가고 있다.

당연히 이러한 상황은 중국이 오랜 세월동안 유지해 왔던 대인관계의 특징과 관습에 반하는 것이어서 이러한 동업 관념이 단기간 내에 보편화되기란 쉽지 않다. 이러한 인식은 경제가 비교적 발달된 동부와 남부 지역에서 비교적 두드러지고는 있다. 하지만, 중서부 지역이나 농촌지역에서는 여전히 예부터 전해져 오는 교류방식과 협력방식을 답습하고 있어서 인정(人情) · 인연(因緣)이나 도덕이 사람들의 행위와 교류에 대한 구속력이 법률이나 경제적 이익의 영향력보다 크다. 따라서 이 지역 사람들이 행위를 선택할 때 최우선으로 고려하는 것은 법률의 보장이나 자원 배치의 합리성 또는 경제 이익의 극대화가 아니라 여전히 인정(人情)이나 우정(友情)이다.

張(장) 군은 감숙성(甘肅省) 사람이다. 그는 고등학교를 졸업한 후에 현지의 작은 공장에서 2년 동안 일을 하였다. 발전성도 없고 고향생활도 그다지 만족스러운 편이 아니었다. 마침 고등학교 동창인 姚(야오)로부터 심천(深圳)의 임금은 고향보다 두 배나 더 된다는 편지가 와서 그는 심천에서 자신의 사업을 해보려고 결심하였다. 심천(深圳)에

도착한 후 야오가 일러준 주소로 찾아갔다. 장(張)은 친구가 일 찾는 것을 도와주리라 기대하였다. 하지만 그 친구도 그저 평범한 노동자였으며, 그를 위해 직업을 찾아 줄 아무런 능력이 없었다. 야오는 장 군에게 인력시장에 가서 일을 찾아보라 권했다. 하지만 장(張)은 이를 듣지 않고 그래도 심천에 있는 고향사람들한테 한번 기대를 걸어보고자 하였다. 그리하여 그는 어느 공장, 또는 어느 회사가 감숙성(甘肅省) 사람이 운영하는 지 도처에 물어보러 다녔다. 그렇게 하는 것이 직업을 찾을 수 있는 가능성이 비교적 크며 좀 더 나은 대우를 받을 수 있다고 판단했기 때문이었다. 하지만 야오는 심천(深圳)에서 일한 지 이미 몇 년이란 세월이 흘러서 관념적으로 많은 변화가 있었다. 그는 고향사람이건 잘 아는 사람의 회사이건, 자신의 적성에 맞고 자신의 특기를 발휘할 수 있고 대우가 괜찮으면 이미 좋은 일자리이며, 함께 일하는 사람이 반드시 고향사람이 아니어도 무방하다는 생각을 갖고 있었다.

위와 같은 예에서 보듯이 외국인들이 단순히 중국 전통 문화를 기초로 하여 중국사회 및 중국기업 내부의 인간관계를 이해하고자 한다면 너무 고리타분한 방식일 것이다. 만약 중국 남북지역과 동서지역 간의 경제 · 문화 또는 민족의 차이를 고려하지 않고 단순히 중국국적을 갖고 있다고 해서 이들의 대인관계를 획일적인 특징으로 귀납하면 이 또한 너무 단순한 생각일 것이다. 중국을 이해하고 중국인과 중국인들의 인간관계방식의 특징을 이해하고자 할 때 가장 좋은 방법은 시대별 내지 지역별로 대인관계의 특징을 나누어 살펴봐야 하는 것이다.

第三章 기업 유형에 따른 인간관계

기업문화는 대외적으로는 광고 · 대외교류 · 영업 · 서비스 등을 통해 구현되며, 대내적으로는 기업 내부의 각종 인간관계의 확립과 처리 방식으로 나타난다. 일단 기업 내부의 각종 인간관계의 표출을 통해 한 기업의 문화적 특징을 살필 수 있으니, 중국기업에 대해 유형별로 살펴보고자 한다.

一. 국유기업

국유기업은 1949년 중국 건국 초기에 아주 짧은 기간 내에 만들어지기 시작한 기업형태이며, 개혁개방 이전에는 줄곧 국영기업(國營企業)이라 불렀다. 중국의 국유기업은 사회주의 계획경제의 이론을 기초로 하여 건립되고 운영된다. 이러한 경제이론은 사람을 혹하는 색채를 갖고 있다. 왜냐하면 모든 경제활동은 국가의 관리체계 안에서 이루어지며, 국가의 강권 하에 모든 경제의 자원을 통제하여 이로부터 최대한 합리적으로 사회의 자원을 분배하여 이익 추구 행위로부터 생겨나는 낭비를 막는다는 것이다. 이론상으로 이는 당연히 이상적인 시스템이다. 하지만 물질발달 수준이 아직 일정한 궤도에 오르지 못하였고, 관리도 효과적으로 중국 경제의 모든 영역에서 제대로 작용을 하지 못하고 있는 현재, 사회주의 국유경제의 시도는 사실상 실패한 것이다. 사회주의 경제의 이론 중 사람을 혹하게 하는 부분들이 현실적으로는 경제효율이 낮고 엄청난 낭비라는 문제점 앞에서는 그 호소력을 잃고 있다. 중국이 개혁개방에 수십 년간 노력을 기울인 것은 바로 국유경제의 비효율성을 수정하고 거대한 낭비를 줄여보고자 한 것이다. 사실상, 최근 수십 년간 중국경제 발전의 실질내용은 사유경제 발전의 결과이며, 중국경제의 자본주의화에 의한 결과인 것이다. 하지만, 중국이 20여 년 동안 기울인 경제체제 개혁이 국유경제를 완전히 포기하는 것을 의미하는 것은 아니다. 국가 발전에 중요하다고 여겨지거나, 국민 생계에 관련되는 중요한 분야는 여전히 국유경제 방식 또는 국영 위주의 방식으로 운영된다. 예를 들면 은행 · 전신 · 철도 · 항공 · 군수산업 등은 여전히 국가가 전체 또는 대부분을 통제한다. 당연히 이런 방식이 중국경제에서 차지하는 부분은 갈수록 그 비중이 줄어들고 있다. 하지만 국유경제 영향 하에 형성된 인간관계의 방식 및 대인관계 문화와 심리는 여전히 중국사회에 상당한 영향을 미치고 있다.

사람들은 국유경제 체제하에서 수십 년간에 걸쳐서 배양된 주인행세의 의식과 자세, 즉 자신이 기업의 주인이라는 심리를 갖고 있다. 하지만 이 주인행세 의식은 결코 자신의 일같이 직업에 대한 열정과 책임정신을 갖고 있다는 것이 아니라 일을 하건 아니건 항상 똑같이 나누어 먹는다는 소위 '따구우판(大鍋飯)' 심리로서, 자신은 당연히 회사로부터 생활에 충분한 수입을 가져가야 한다고 느끼는 의식이다. 이는 열심히 일하는 것과는 무관하다. 그들은 사실상 국가나 기업에 의지해 밥을 먹고 사는 것이지만, 일단 수입이 줄어들거나 상실이 되면 자신들은 방치된다는 낭패감을 갖게 되며, 국가나 기업이 자신을 홀대한다고 생각한다. 그들은 자기반성에 습관이 되어 있지 않으며, 오히려 사회나 다른 사람들로부터 당연한 보살핌을 받아야 한다고 생각하는데 익숙해 있다.

중국정부는 국유기업이 생산 · 경영관리 · 근무자들의 적극성 등에 많은 문제점이 있다는 것을 잘 알고 있다. 그래서 최근에는 국유기업 개혁의 중점을 우선적으로 국영(國營)을 국유(國有) 방식으로 바꾸는 데에 두고 있다. 다시 말해서 국가가 관리하는 것에서 소유하는 방식으로 바꾸는 것이다. 그 대신 관리를 위탁하거나 아예 기업을 민간에 매도해서 단체 또는 개인소유로 바꾸는 것이다. 이러한 과정 가운데 원래 소속되어 있던 직원들을 어떻게 처리하느냐 하는 것이 커다란 부담이 되었다. 그대로 남아있는 직원들은 새로운 관리시스템 하에서도 원래부터 가지고 있던 주인행세 의식이 그대로 남아 있어서 기업에 대해 요구는 많고 자신에 대한 책임이나 의무는 생각하지 않는 경우도 있다. 범사에서도 자신이 기업을 위해 무엇을 할 수 있는가에 대해서 생각하지 않고 기업이 자기에게 무엇을 줄 것인가를 우선적으로 생각한다. 어떤 국유기업에서는 노동자들이 민영기업에서와 달리 관리인에게 공손하지 않으며 제멋대로 하는 경향도 있다. 심지어는 마음대로 시시덕거리거나 화를 내기도 한다. 사실 그들이 국유기업에서 실직하게 되어 민간기업이나 외국기업에 취직하려면 자신들의 심리를 바꾸어서 원래의 주인행세 의식에서 고용된 사람의 의식으로 바꾸어야 한다.

二. 민영기업

필자는 광동(廣東)에 있는 어느 민영기업의 부장이 회사에서 근무하면서 느꼈던 바를 들은 적이 있다.

그는 30세 정도의 남자이며, 23세 때 대학을 졸업한 후 호북성(湖北省)의 어느 국영기업의 기술부문에서 일을 하였는데, 3년간 일하면서 그 기업의 관리가 매우 엉망이고 활력도 없어서 기업 같지 않고 마치 국가의 어느 기관 같다는 느낌을 받았다고 한다. 사람과 사람 사이의 알력이나 관계들이 복잡하고, 가져가는 돈은 많으면서 열심히 일을 하는 사람은 적었다고 한다. 그런 기업은 발전성이 없다고 판단하여 즉시 사직을 하고 광동(廣東)에 와서 두 군데 기업을 거쳐 현재의 이 회사에서 근무한다는 것이었다.

"이 기업에서는 일은 비록 힘들지만 느낌은 훨씬 편하고 엉터리 같은 일도 없다. 사장은 사람들을 신뢰하고, 사장 자신도 업무에 매우 충실하다. 회사의 제도가 비록 완비된 것은 아니지만, 모두들 일을 하는데 나름대로의 규율이 있다. 뿐만 아니라 모두가 자신의 월급을 위해 노력을 하고 있어서 일한 만큼 받는다. 분배도 합리적이어서 일을 신나게 할 수 있다."라고 그는 말했다.

민영기업은 중국에서 괄목할만한 발전을 하고 있으며, 최근 몇 년 동안 중국에서 출현 빈도수가 가장 많은 단어 중 하나이다. 민영기업이란 점차로 거대해지기 시작하는 민간자본이 중국에 투자하고 운영하는 유형의 기업에 대한 호칭이다. 민영기업은 현재 발전 속도가 매우 빠르고, 중국기업 내부의 대인관계 현황을 가장 잘 나타낸다. 어떤 의미에서 중국 현대기업의 대인관계의 발전 방향을 대변한다고 말할 수 있다. 민영기업은 현재 중국에서 가장 보편적이고 가장 대중화된 기업형식이다. 이런 유형의 기업들의 자본은 중국 자생의 것이며, 일반적으로 민족적 정서가 그다지 강하지 않다. 그래서 민영기업에서는 초창기에 존재하던 가족 혈연관계 이외에는 기타 다른 인간관계가 상대적으로 간단하다. 즉 매우 단순한 업무관계로 구성된다. 민영기업 구성원들의 관계 형성은 투자한 사람의 초빙에 의해서 생기는 것이다. 초빙된 사람들 사이에는 혈연관계의 전제도 없으며, 모든 부서는 업무의 필요에 따라 설립되고, 모두들 업무성적에 따라 수입과 승진의 기회를 갖는다. 광동(廣東)·상해(上海)·절강(浙江)·북경(北京) 등 경제가 비교적 발달된 지역에서는 민영기업 내부의 이와 같은 구성원 집단과 이에 수반되는 운영규칙들이 점차로 정립되어가고 있다.

민영기업 내의 인간관계 특징은, 근무자들은 적극적이고 합리적인 인간관계의 규칙을 준수하여야 하며, 업무 및 업무성적을 모든 관계의 최우선에 두어야 한다는 것이다. 이런 환경 속에서는 대충대충 일하며 업무성과에 상관없이 똑같이 나누어 먹던 '따구오판(大鍋飯)'에 젖어 있던 사람들은 생존하기 어렵다.

국가가 공포한 ≪노동법(勞動法)≫은 비록 노동자의 권익을 강조하고 경영자의 의무를 규정하고 있지만, 민영기업 내부의 인간관계의 기초는 경제적 성과와 기업제도를 위주로 형성되고 있다. 그래서 이런 기업 내에서는 공평·경쟁·합리·발전추구의 특징이 아주 뚜렷하다.

三. 외국인 투자 기업

외국인 투자기업이 중국에 상당히 많다. 20여 년 동안 중국은 세계에서 외자(外資)유치에 가장 성공한 나라 중 하나이다. 중국 거의 대부분 도시에 대형의 외국인 투자기업들이 있다. 각 지방정부는 외자 도입의 지표와 임무가 있고, 동시에 외자 도입은 현지 경제 수준의 제고에도 원동력이 되기 때문에 외국자본과 외국인 기업은 중국에서 매우 환영을 받고 있다. 이 이외에도 외국 투자기업은 관리가 비교적 규범화되어 있고, 처우가 중국기업보다 상대적으로 좋은 편이고, 직원들의 노동보장도 비교적 완비되어 있어서 업무환경이 상대적으로 좋다. 때문에 중국의 화이트 컬러층과 기술자들은 외국기업에서 일하기를 원하는 사람들이 많다.

陳(천) 선생은 원래 절강성(浙江省)의 목제 마루를 생산하는 공장에서 일을 하였는데, 시장과 영업을 담당하는 부분의 총책임자였다. 그는 90년대 중엽에 이 회사에 취직하였는데, 일반 직원에서 부서장까지 승진하여서 시장과 영업을 총괄하는 총책임자가 된 것이다. 그는 10년간의 노력 끝에 최초 몇 개 대리점을 거느리던 회사를 지금은 전국 90여 개의 대리점을 관장하는 커다란 회사로 발전시켰다. 영업실적은 매년 증가하였으며, 회사 제품도 전국에서 지명도가 있는 브랜드가 되었다. 사장은 회사의 발전을 위해

천 선생이 커다란 공로를 세웠다는 것을 알고 있다. 하지만 사장의 최고 목표는 회사 제품이 전국 업계에서 서열 몇 등 안에 드는 것이었다. 이 목표는 천 선생과 그가 이끌고 있는 영업팀에게는 커다란 도전이었다. 가장 큰 어려운 점은 그동안 그가 해왔던 영업방식으로는 쉽지 않은 목표라는 점이다. 수년간 천 선생과 그의 영업팀이 대리점과 맺은 관계는 기본적으로는 중국인들의 관습에 따라 우선 이들을 친구로 만들고 그 다음 사업을 진행하는 그러한 방식으로, 오랜 기간에 걸쳐 많은 정성을 들여서 하나씩 하나씩 건립한 것이었다. 그래서 천 선생이 만들어 놓은 대리점과의 관계는 다른 기업에 비해 상대적으로 매우 안정적이었다. 만약 어려운 일에 봉착하면 이들 대리점들은 인력과 자금의 지원도 해 줄 정도였다. 많은 대리점들이 "비록 잠시 어려운 일이 있더라도 우리는 항상 천 선생과 함께 하기를 원한다. 그는 항상 우리를 안심시켰으며, 우리에게 늘 신경을 써 주었기 때문이다."라고 말을 하곤 하였다. 하지만 회사와 대리점간의 이런 따뜻하고 우정어린 관계는 이에 따르는 또 다른 문제를 갖고 있었다. 예를 들어 회사가 이번과 같이 전국적으로 도약하기 위해 새로운 조치를 취하고자 하는데 대리점들이 이에 응하지 않을 경우, 이미 친구 관계로 맺어진 관계를 회사가 안면을 무시한 채 새로운 계약을 그대로 밀어붙이거나, 대리점 판매권을 회수하는 등의 강제적인 조치를 취하는 것은 어렵기 때문이다.

후에 유명한 외국기업에서 근무하였던 孟(멍) 선생이 이 회사 부사장으로 초빙되어 왔다. 그는 오자마자 사장의 신임을 얻었다. 왜냐하면 멍 선생이 근무하였던 회사는 지명도가 매우 높은 외국의 생활용품 회사였는데, 시장관리에 해박한 경험을 갖고 있었으며, 브랜드 운영 경험, 다시 말해서 회사와 대리점과의 관계에 있어서도 선진적인 경험이 풍부하였기 때문이다. 멍 선생이 이 회사에 온 지 1년 정도 지나자, 회사 사장과 천 선생은 회사관리나 시장관리 면에 그가 천 선생보다는 훨씬 능력 있다는 것을 인정할 수밖에 없었다. 훨씬 강력한 관리와 통제로 회사와 대리점 간의 관계는 원래의 친구 색채 관계에서 진정으로 이익을 함께 추구하는 관계로 변신하여서 훨씬 규범화되고 훨씬 합리적인 관계로 되었다. 결국 천 선생은 이 회사를 그만두었다.

사실 중국 각 지역의 민영기업의 발전은 외국기업의 계도 또는 영향으로 이룩한 것임은 부인할 수 없다. 중국의 민영기업이나 국유기업에 비해 일반인들에게 외국기업들, 특히 다국적기업들은 기업관리가 엄격하고 훨씬 안정되어 있다는 인상을 주고 있다.

외국기업에서 상당한 직책을 맡았던 중국인들이 중국의 민영기업에서 일하게 되면 그 기업 발전에 커다란 도약의 계기를 만들어 줄 수 있다. 그래서 외국기업에서 근무한 경험이 있던 사람들은 중국기업에서 환영을 받는다. 많은 사람들이 "대형 외국기업에서 순조롭게 발전한 사람들은 틀림없이 훌륭한 인재이며, 외국기업들은 인력 관리 면에서 좋은 노하우와 전통을 갖고 있어서 합리와 선진성의 기업문화를 갖고 있다. 동시에 이런 환경에서는 중국식의 인간관계에서 종종 발생할 수 있는 혈연이나 인정(人情)관계에 의한 지장을 피할 수 있으며, 개인의 승진과 발전에 공평한 기회가 주어지며, 기업 발전에도 훨씬 유리하다."라고 인식하고 있다.

四. 개인 또는 가족기업

중국에는 부(富)가 3대를 넘지 못 한다는 말이 있다. 뜻인 즉 아무리 휘황찬란한 가업(家業)이라도 1·2대의 영광이지 자신의 성공을 계속해서 대대손손 계승하기는 힘들다는 의미이다. 그들의 후대는 너무 좋은 조건으로 태어나서 고군분투하는 동력이나 용기, 추진력 등이 부족하여 절제 없는 낭비로 선대로부터 물려받은 재산을 탕진하거나, 자신의 관리를 제대로 하지 못해 결국은 몰락의 길을 걷는 경우가 많기 때문이다.

광동성(廣東省) 강문(江門)의 기업가인 廖總(랴오종)은 50여 세이다. 현재 큰 기업그룹의 소유주이며, 광동 현지 기업가 중 드문 대학 졸업자이다. 졸업 후 학교에서 교사를 하다가 교직을 그만두고 사업에 뛰어들어 크게 성공하였다. 현재 그는 다른 사람들에게 당시 자신이 교사를 그만두고 사업에 뛰어든 이유를 이야기 할 때 다음과 같이 말한다. 부모와 백부, 숙부를 포함한 그의 집안은 모두 농촌에서 생활하였는데, 생활의 어떤 희망도 없는 나날을 보내고 있었으며, 가족 중에는 집안의 운명을 바꿀 사람도 없어 보였다. 그래서 그는 개혁개방의 새로운 환경을 맞이하여 사업에 뛰어들어서 가정과 가족의 생활과 운명을 바꿀 결심을 하였다는 것이다. 그가 처음 설립한 기업은 페인트를 생산하는 아주 작은 기업이었다. 회사 초기에 그의 형 · 여동생 · 매부 · 조카, 그리고 그가 전에 가르쳤던 학생 두 명이 이 회사 창업에 동참하였다.

랴오종과 같이 중국인들은 강렬한 창업정신을 갖고 있다. 그들은 기회만 있으면 창업을 통해 자신의 운명을 바꾸고자 개인 또는 가족기업을 만든다. 이런 기업이 갖고 있는 인간관계의 특징은 자신의 손재주 또는 가족 구성원의 인력과 머리에 의지해 업무를 진행시킨다. 창업 초기에 이런 기업은 발전 동력과 강력한 생명력을 갖는다. 가족 또는 개인의 기업이기 때문에 기업의 발전과 개인의 이익은 매우 밀접한 관계를 갖고 있다. 그래서 모두들 보잘 것 없고 어려운 조건하에서도 일을 한다. 심지어 보수도 따지지 않고 먹는 것이 보장만 되면 구성원들은 흩어지지 않고 계속 회사를 위해 일을 해 나간다. 때문에 단결과 응집력이 매우 강한 그룹이다. 하지만 이런 기업이 일단 성공하게 되면 분열에 직면하게 된다. 이는 대부분의 가족형 기업의 숙명이기도 하다. 창업 단계에서는 모두들 함께 고생하고 노력한다. 어려운 순간 좌절 속에서도 모두들 격려하며, 이해하고, 서로 부축하면서 극복해 나간다. 하지만 기업이 일단 어느 정도의 규모가 되면 원래 가졌던 고군분투의 정신은 점차 사라진다. 그렇게 근면하던 사람들도 긴장이 풀리면서 더 이상 전력투구하지 않는다. 어렵사리 쌓은 재부나 기술 또한 사소한 불공평한 분배 때문에 사람들 사이가 갈라진다. "함께 사냥을 하지만 함께 그 고기를 먹지는 못한다."라는 속담이 바로 이를 말한다. 이런 상황은 곧 바로 인력과 기술과 자금의 분산을 가져온다. 기업은 둘로 쪼개지고 삼분 사열된다. 중국기업의 이러한 인간관계 특징 때문에 자그마한 부(富)에 만족하고, 먼 앞날에 대한 계획 부재 등의 상황으로 이어져 중국에는 대규모의 기업이나 재단이 출현하기 힘든 중요한 요인이 된다고 많은 학자들이 지적한다.

第四章 기업 근무자들의 심리

중국 절대 다수의 기업 근무자들은 당연히 중국인으로 구성되어 있다. 기업의 각급 관리자와 각 계층의 근무자들도 거의가 중국인들이다. 설사 개혁개방 이후 출생하고 성장한 젊은 세대라도 이들의 행동양식은 중국인의 문화·성격·가치관에서 벗어나기 힘들다.

어떠한 기업이라도 그 운영은 중국인의 문화전통 기초 위에서 시행된다. 그래서 중국기업에서 근무하는 중국인들의 각종 인간관계나 행위를 이해할 때 그들의 문화심리를 이해하는 것이 중요하다.

一. 어떠한 인간관계를 원하는가?

대다수 중국인들에게 있어서 사람간의 가장 좋은 관계는 화합과 융화이다. 서로가 필요로 하고, 서로 간에 이익이 되고, 서로 존중하며, 혹은 서로에게 체면이 서는 관계여야 한다.

(一) 화합과 융화

민주·법치·공평·정의·성실·우애·질서안정·사람과 자연이 화합되는 사회, 이는 오늘날 중국정부가 제기하고 있는 새로운 목표이다. '화합의 사회'라는 목표가 제기되자 사회 각계에서 적극적인 호응을 얻고 있다. 화합은 바로 서로 조화하고, 어렵게 보이는 모순을 합리적인 수단과 방법으로 원만하게 해결하는 것을 의미한다. 사회건설이라는 각도에서 볼 때, 화합의 사회는 각종 모순을 합리적 행위의 틀 범주 내에 넣고 공공관리의 수단으로 모순되는 점을 풀어버리는 것이다. 그리고 사실상 일상적인 기업생활에서도 중국인들은 일종의 화합을 추구한다. 화합을 만들어내기 위해 사람들은 융화적인 방식을 사용하며 대립되는 방식으로 서로간의 문제를 풀지는 않는다.

趙翔(쟈오썅)은 30여 세 된 영업사원이다. 그는 회사에 취직해서 우선 영업사원을 하다가 영업부문의 책임자로 고속 승진하였다. 그가 이 회사에 온 지 얼마 안 되었을 때, 업무상 난처한 인간관계 문제에 부딪치게 되었다. 즉, 이 회사에서 기술을 책임지고 있던 姚(야오) 부장은 여자인데, 업무 추진이 매우 원칙적이고 엄격해서 새로운 상품이 출시될 때 기술표준과 규율에 맞아야 할 것을 요구했다. 그런데 영업을 책임지고 있는 楊(양) 부장은 중국시장 상황에 대해 나름대로 잘 파악하고 있는 사람으로, 그는 제품의 판매는 우선 시장의 요구에 신속히 응해야 한다고 생각하였기 때문에 기술부문에 대해 항상 "빨리, 빨리"를 요구하였다. 그래서 쟈오썅이 매번 제품판매에 관한 방안을 낼 때마다 야오 부장과 양 부장의 견해와 태도는 항상 달랐다. 한 쪽에서는 시장에 빨리 내놓아야 한다고 주장했고, 또 다른 한 쪽에서는 제품의 설계가 기술표준에 적합하지 않다는 것이었다. 이러한 상황으로 쟈오썅은 아주 난감하게 되었다. 그는 자신의 방안이 회사에서 채택되기를 희망하였지만, 두 부장의 의견이 대립되어 결정내리기 힘든 상황이 되었다.

회사 운영 절차에 따르면, 이런 경우 두 가지 방법을 선택할 수밖에 없다. 하나는 방안을 포기하고 다른 방안을 생각하든지. 또 다른 하나는 방안에 대해 최고 결정자인 회사 사장이 결정하든지 둘 중에 하나였다. 하지만 쟈오썅은 자신의 방안을 포기하고 싶지 않았으며, 또한 이 문제가 만약 사장에게 넘어가면 야오 부장과 양 부장 사이의 모순이 드러나거나 또는 더 심화될 것이라 느꼈다. 그래서 쟈오썅은 비교적 융통성 있게 암암리에 일을 진행시켰다. 우선 그는 퇴근 후 여러 차례 야오 부장을 식사에 초대해서 이번 제품을 시장에 내놓아야 할 필요성을 설명하면서 그녀를 설득시켜서 어느 정도 자신의 방안을 받아들이도록 하였다. 또 다른 한편으로는 양 부장을 찾아가 자기가 알고 있는 야오 부장에 대해 설명하였다. 아울러 기술담당인 야오 부장의 입장에 서서 이번 방안에 대한 분석을 하면서 양 부장에게 주동적으로 야오 부장과 의사소통할 것을 권했다. 쟈오썅의 이러한 노력으로 이번 방안은 결국 추진하도록 결정되었다.

쟈오썅의 이러한 행동은 중국 사람들이 일반적으로 갖고 있는 심리의 표출이다. 중국인들은 태생적으로 모순과 갈등을 좋아하지 않는다. 각종 관계가 화합이 되기를 희망한다. 만약 모순이 발생하면 완곡하고 융통적인 방식으로 해결하고자 하며, 모순이 테이블 위에까지 확대되거나 또는 모순을 격화시키거나 대항하는 방식으로 문제를 해결하는 것은 극력 피한다.

(二) 존중의 필요성

중국인들은 체면을 중시한다. 제1편에서 우리는 중국인들이 왜 체면을 중시하는지에 대해 분석하였다. 전통적인 윤리규범은 중국인들로 하여금 자신보다는 사회 · 가정 · 친구 등 타인을 위하도록 행동하는 가치관을 형성하였으며, 자기존재의 가치는 주변 환경에 의해 제약을 받으며, 한 개인이 가장 중시하는 것은 자신의 행위가 사회의 긍정적인 평가와 다른 사람의 인정을 받아야 하는 것이다. 그래서 체면을 중시하는 것은 중국인에게는 아주 일반적인 현상인 것이다. 동시에 중국인은 "자신이 하기 싫은 것은 남에게도 하지 마라"의 도리를 잘 알고 있다. 자기 자신도 체면을 중시하므로 대인관계에서도 마찬가지로 다른 사람의 체면을 생각해준다. 그래서 매사에 최대한 상대방이 체면을 유지시킬 수 있도록 배려한다.

기업의 조직은 시장 경쟁에 직면하여 제때에 맞는 효과적인 대응을 해야 하지만, 정책 결정자나 집행자 모두 시장의 규율을 지켜야 한다. 그러면서도 중국기업 중 많은 기업이 체면을 중시하는 심리적 기초를 갖고 있기 때문에 어떠한 상황이 발생하면 기업의 체면을 유지하면서 상대방 체면에 대해서도 신경을 쓰려고 한다.

趙翔(쟈오썅)은 화합적이고 융통적인 분위기를 중시할 뿐 아니라 언사와 거동에 있어서도 경우를 잘 따져서 행동하는 사람이다. 한번은 양 부장이 그에게 사무실에 와서 회사 사장과 함께 시장 방안에 대해 이야기하자고 하였다. 쟈오썅이 시장 상황에 대해 잘 파악하고 있으며, 아울러 방안이 결정된 후 책임지고 수행할 사람이기 때문이었다. 사장에게 시장 방안에 대해 설명할 때, 쟈오썅은 양 부장이 작성한 보고서 내용 중 몇 군데 착오가 있다는 것을 발견하였다. 이 상황에서 쟈오썅은 일단 사장 앞에서 양 부장의 체면을 살려주어야 한다고 생각하였다. 양 부장이 일을 제대로 못한다고 질책 받으면 안 되고, 양 부장 자신도 착오가 있다는 것을 모르고 있는데 문제점을 지적해서 그를 곤경에 빠뜨려서는 안 된다는 것을 알고 있다. 때문에 쟈오썅은 양 부장의 착오를 알면서도 가만있다가 양 부장이 사장에게 "이 방안은 장차 쟈오썅과 그의 팀이 집행할 것입니다. 쟈오썅이 시장 상황에 대해 저보다 훨씬 잘 알고 있기 때문에 그가 보충 설명하겠습니다. 만약 제 설명 중 잘못된 부분이 있으면 쟈오썅이 수정하도록 하지요."라고 보고를 마치고 나서야 완곡하게 양 부장의 설명 중 잘못된 부분을 수정하였다. 이런 식으로 사장으로 하여금 자신의 업무 능력을 인정하게 하면서도 자신의 상사인 양 부장의 체면을 최대한 유지시키는 것이었다.

양 부장 자신도 모든 문제에 대해 다 정확하고 잘못이

없을 수 없다는 것은 잘 안다. 하지만 쟈오썅이 자신의 착오를 발견하고 즉시 지적해서 사장 앞에서 자신의 체면이 깎이는 것은 절대 바라지 않는다. 때문에 상황보고를 마친 후 쟈오썅에게 보충 설명하도록 하게 해서 사장이 업무에 대해 정확히 파악하고 동시에 자신의 겸손함을 표시하면서 부하로 하여금 발언할 기회를 준 것이다.

二. 의사소통의 패턴

사회 동물로서 의사소통은 인류사회 발전 중 필연적 요구이다. 사람들은 세계를 인식하고 자신을 발전시키는 과정 중에 고독을 피하고 주변과 함께 하기 위해 다양한 방식으로 다른 사람과 의사소통을 한다. 기업 안에서는 더욱 그러하다. 기업은 하나의 조직이며, 전체 구성원은 기업의 결정이나 방침을 수행해야 한다. 그래서 더욱이 각 부서 각 계층 간의 교류와 의사소통이 필요하다. 기업에서 근무하는 중국인들은 의사소통과 교류할 때 어떠한 습관을 갖고 있으며 어떠한 방식으로 진행하는가 알아보자.

(一) 여지를 남긴다

王杰(왕지에)는 금년 40살이다. 아직까지도 그는 22년 전 섬서성(陝西省)에서 북경에 공부하러 오기 전 아버지와 나누었던 깊은 대화를 기억한다. 아버지는 그에게 인간의 도리와 바깥에서 주의해야 할 사항 등에 대해서 많은 것을 이야기해 주셨다. 인상이 가장 깊었던 것은 아버지께서 "말을 하거나 일을 할 때 항상 여지를 남겨라"라는 말씀을 반복해서 강조하셨던 점이다. 그 후 대학을 다니고 직장에서 근무하는 동안 그는 항상 아버지의 그 말씀을 떠올렸으며, 다른 사람의 행동에서도 아버지가 이야기하였던 "항상 여지를 남겨라"라는 모습을 엿볼 수 있었다. 그는 시간이 흐를수록 아버지의 그 당부가 얼마나 중국적이며 중국인의 관습에 맞는지를 절실히 느꼈다.

윗사람이 업무를 부여할 때 아주 쉽게 완수할 것 같이 보이는 일에 대해서도 그는 "이것은 별 문제가 없습니다. 하지만 주의해야 할 점이 있는지 신중히 살펴보겠습니다. 그리고 해결할 수 없는 문제가 발생하면 그 때가서 다시 지도편달을 바라겠습니다."라고 말을 하곤 한다. 이러한 태도는 자신이 업무에 대해 미처 생각하지 못했던 점이 있어서 제대로 일을 완수하지 못할 경우, 윗사람이 자신에 대해 그렇게 간단한 일도 제대로 못 한다고 생각하지 않도록 하기 위함이다. 비교적 어려운 임무에 대해서는 더욱 더 여지를 남긴다. 그래서 "이 일이 매우 어려워서 제대로 하기 쉽지 않다는 것을 압니다. 하지만 최선을 다 하겠습니다."라는 식으로 말을 한다. 이런 말은 자신이 노력하겠으며 일을 제대로 해 내겠다는 믿음을 나타내기 위함이요, 동시에 업무가 어려워서 업무 수행 중 문제에 봉착하였을 때 변명의 여지를 남기기 위함이다. 그래서 왕지에는 업무에 대해 "언제까지 반드시 완수하겠습니다." 또는 "이 일을 안심하고 저에게 맡겨주십시오."라는 식의 말은 거의 하지 않는다. 즉 그는 일을 제대로 해 내지 못하거나 문제가 생겼을 때 다른 사람들이 "당신 애당초 왜 이 일을 하겠다고 나섰습니까?"라는 비난을 듣지 않도록 사전에 여지를 남기는 것이다.

여지를 남긴다는 것은 사실상 자신에게 공간을 남겨두어서 일이 제대로 되지 않았을 때 자신의 체면을 남겨두는 것이다. 이는 많은 중국인들이 갖고 있는 비교적 완곡함의 특징이다. 사실 이는 중국문화의 구체적인 표현이기도 하다. 한편으로 안전을 추구하며, 성과는 있되 실수는 하지 않고, 우선은 책임을 회피하고 연후에 다시 성과를 바라는 것이다. 때문에 언행에서 극단적이거나 절대적인 것은 극력 피한다. 또 다른 한편으로는 요란스럽게 드러내면서 하는 말보다는 먼저 행동으로 보여주고자 함이다.

(二) 말 대신에 행위로 의사표시

다수의 중국인은 성격상 상대적으로 온화하다. 아마도 유가문화 중 중용(中庸)사상의 영향을 받은 것 같다. 사람들은 완곡함 · 융통성 · 함축 등 비교적 극단적이지 않은 방식으로 문제점을 처리하며 최대한 직접적인 충돌은 피한다. 마찬가지로 비교적 난처한 상황이 벌어지면 사람들은 완곡한 방법으로 처리하며, 말로는 명확히 의사를 표시하지 않으며 실제 행동으로 자신의 의사를 표명한다.

어느 금요일 오후, 張(장) 부장 수하의 직원 몇 명이 오늘 저녁 부장님이 식사를 낸다고 통보하였다. 장 부장은 평상시 매우 바쁘고 또 다른 사람들과 함부로 웃거나 떠들지 않는 사람이며, 함께 어울리는 경우도 드물고 더군다나 남한테 식사를 사는 일은 거의 없었는데 오늘 왠일로 식사를 사는가하고 모두들 이상하게 생각하였다. 나중에 어떤 연유인지 알았다. 이틀 전에 장 부장이 일정표를 손에 들고, 아주 중요한 방문일정인데 시간과 장소 등에 관한 계획이 없다면서 왕 군과 이 군을 호되게 나무랬다. 왕 군과 이 군은 당시 영문을 몰랐다. 왜냐하면 누가 방문한다는 통지를 받은 적이 없었기 때문이었다. 후에 장 부장 자신이 통지를 받고는 왕 군과 이 군에게 알려주는 것을 깜빡하였다는 것이 드러났다. 결국 장 부장 자신이 잘못을 깨닫고 왕 군과 이 군을 잘못 질책하였다는 것을 알게 되었다. 이번에 직원들한테 식사를 사는 것은 아마도 장 부장의 사과 표시인 것 같았다. 저녁 때 식사를 하면서 장 부장은 화기애애한 얼굴로 사람들과 대화를 하면서 매 개인의 상황에 대해 물었으며, 업무와는 전혀 상관이 없는 일에 대해 한담을 하였다. 그러면서도 왕 군과 이 군을 잘못 질책하였다는 것에 대해서는 일체 언급을 하지 않았다. 물론 이들에게 사과하는 것도 없었다. 하지만 모두들 장 부장이 무슨 심사인지는 다 알고 있었다. 식사를 사는 자체가 미안함의 표시이므로 구체적으로 그 이유를 밝힐 필요는 없었기 때문이다.

(三) 애매모호하게 처리하는 것을 좋아함

서양 사람들은 모든 것을 확실하게 말해서 자신의 의도와 견해를 명확하게 표현하는 것을 좋아한다. 반면에 동양 사람들은 다르다. 특히 중국 사람들은 자신의 좋은 점을 이야기하거나 능력을 말해야 할 때에도 가능한 한 겸손한 자세를 취한다. 있는 그대로 노골적으로 떠벌이거나 자기를 드러내놓고 자랑하는 것은 다른 사람들이 좋아하지 않는다고 생각한다. 다른 사람의 잘못을 발견하였을 때에는 살짝 언급하는 정도로 끝내서 상대방의 체면을 세워준다. 그래서 중국 사람들은 난처한 일을 처리할 때 종종 시비가 분명하지 않고 불분명한 태도를 취하는 것 같아 보인다. 그러면서도 입장을 표명할 어떠한 견해도 없다는 식으로는 이야기하지 않고, 다만 입장을 표명할 시기가 아직은 안 되었다는 식의 애매모호한 태도를 취하는 경우가 많다.

모 음료회사 판매부서의 영업 성적이 몇 개월 째 좋지 않아서 모두들 마음이 조급해서 대리점과의 연락, 각 지역에 대한 광고 선전 등 여러 방면으로 판매 촉진방법을 구상하고 있었다. 하루는 영업부 부장이 직원인 미스터 원에게 경품 판매 방안으로 제품의 병뚜껑에 동전을 넣어서 사람들이 많이 사게 유도하도록 지시하였다. 미스터 원은 이 임무를 부여받고는 매우 난감해졌다. 이는 부서장이 특별히 자기에게 준 임무이기 때문에 하지 않으면 당연히 안 되는 것이었다. 하지만 병뚜껑에 동전을 넣어서 판매를 촉진하는 것은 법에 위반되는 영업행위였다. 일단 이 지시대로 설계하고 추진한다면 문제가 생길 것이고 정부 행정기관에 의해 처벌받을 텐데 이를 어떻게 해야 하는가라는 고민이 생겼다.

이런 상황에 직면하여 미스터 원은 애매모호한 태도를 취하였다. 부서장에게 이렇게 하는 것은 위법행위라는 사실을 지적하지도 않고, 동시에 그 지시에 대해 보고서를 쓰는 것도 하지 않았다. 그가 이와 같은 방식을 취한 것은 부서장이 자신의 지시가 위법사항이라는 것을 모르고 있는데, 그에게 위법성을 설명하면 부서장의 잘못을 지적해서 그의 체면을 깎는 것이 되고, 만약 부서장이 위법인 줄 뻔히 알면서도 그에게 지시한 것이라면 부서장이 영업성적에 눈이 어두워 자신은 책임을 회피하면서 의도적으로 아래 사람에게 시킨 것이 된다. 그런 점을 만약 아래 사람인 자기가 명확히 지적해 내면 부서장을 더욱 난감하게 만드는 것이 된다. 이는 결국은 자기가 부서장에게 대항한다는 인상을 주게 되는 것이다. 그래서 미스터 원은 이 일을 한 쪽에 놔두고 처리하지 않았다. 이튿날, 부서장이 자신의 방안에 대한 보고서에 대해 묻자, 미스터 원은 "그 방안은 아마 어떤 규정에 걸리는 것 같습니다. 그래서 관련 법률을 뒤지고 있는 중입니다."라고 아주 절묘하게 대답하였다. 이러한 방식으로 완곡하게 자신의 어려운 점을 부서장에게 알리는 것이다. 만약 부서장이 계속해서 "법 같은 것은 따지지 말고 그대로 밀어붙여라!"라고 지시하면 위법인 것을 알면서도 자신에게 시킨 것이 되므로 일단 문제가 생기면 부서장이 책임지게 되는 것이다. 만약 부서장이 "경품 끼워 판매하는 것이 법률에 위반되면 다른 방법을 강구해라."라고 말한다면 부서장이 그러한 규정을 알지 못하고 있었음을 자신이 올바르게 알려주는 것이 된다.

(四) 다른 사람의 마음을 추측하기 좋아하는 중국인

중국의 속담에 "찰언관색(察言觀色, 말을 살피고 안색을 관찰한다)"이라는 말이 있다. 뜻인 즉 다른 사람이 어떤 언행을 할 때 어조(語調)나 감정 또는 표정 등을 관찰해서 그 사람이 마음속으로 무엇을 생각하고 있는지를 추측하려고 한다는 뜻이다. 이러한 속담이 존재하는 것은 많은 사람들이 말을 명확하게 하지 않는 습관들이 있기 때문이다. 다시 말해서 사람들이 말을 할 때 분명하게 밝히지 않고 단지 살짝 무언가를 표시하는 정도로 하기 때문이다. 그래서 상대방의 말을 진지하게 들어야 할 뿐 아니라, 말하는 사람이 입 밖으로 발언하지 않았더라도 세심하게 내면에 담겨 있는 뜻을 밝혀내야 한다는 것이다.

미스터 리는 젊은 기술자이다. 언제부터인가 기술부 부장이 자신을 대하는 태도가 이전과는 크게 다르다는 것을 발견하였다. 이전에는 항상 친절하게 자신에게 관심을 표하며 매번 그를 볼 때마다 무슨 곤란한 점이나 문제점이 없는가를 물어보곤 하였는데, 최근에는 얼굴을 마주쳐도 냉담하게 그저 인사만 하고 말도 걸지 않고 그냥 지나쳐 버리는 것이었다. 미스터 리는 부장이 왜 그러는지 답답해 졌다. 하지만 부장을 불만스럽게 한 점이 무엇이냐고 직접 물어볼 수도 없어서 그저 그의 안색만 살피면서 왜 그런지를 추측할 뿐이었다. 다른 사람에 대해서는 예전 그대로인데 유독 자신에 대해서만 그런 것이었다. 그래서 이번에는 자신이 무엇을 잘 못했는지 곰곰이 생각하였다. 결국 부장의 태도가 왜 변했는지 알아내었다. 며칠 전 사장이 고객을 데리고 기술부를 방문하였다. 당시 미스터 리는 고객과 사장 앞에서 부장이 설명하던 내용 중 틀린 수치를 지적하였다. 아마도 이 때문에 부장이 자기에게 화가 난 것 같다는 것을 깨달았다. 당시 미스터 리가 한 말은 틀리지 않았기 때문에 부장은 직접적으로 미스터 리에 대해 별 다른 소리를 하지 않았다. 하지만 냉담하게 대함으로써 자신이 불쾌하다는 것을 나타내는 것이었다. 사실 상대방이 설사 진짜 틀렸더라도 많은 중국 사람들은 이와 같이 직접적으로 말하지 않고 돌려서 자신의 의사를 표시하는 방법을 사용한다.

三. 시비(是非)에 대한 판단

사람들은 많은 경우에 있어서 타인 또는 자신의 행위에 대해 옳고 그름에 대한 판단을 해야 한다. 사물이나 사람에 대해 이런 판단을 해야 할 때 중국 사람들은 일반적으로 서양 사람들과는 달리 명확한 표준이나 혹은 누가 잘했다 못했다는 식의 판단을 내리지 않는다. 그 대신에 각종 상황에 기초하거나 각종 기준에 따라서 판단을 하기 때문에 어떤 때에는 상당히 모호하게 들리는 경우가 많다. 예를 들어서 "당신은 당신 나름대로의 이유가 있을 것이고, 그 사람은 그 사람대로의 원칙이 있을 것입니다."는 식이다. 이는 중국 사람들이 시비(是非)의 기준으로 판단을 하지 않기 때문에 생기는 현상이다. 또 "이기는 사람이 왕이고, 지면 역적이다."라는 말도 있다. 이 또한 중간 과정에서 누가 옳고 그름보다는 결과를 중요시 여기는 방식의 표현이다. 또한 "남편은 남편대로의 이치가 있고, 부인은 부인대로의 이치가 있다."는 식의 표현대로 사람들은 자기 입장에서 자신의 이유를 강조하는 것을 좋아하지, 객관적인 입장에 서서 중립적인 기준을 가지고 사물의 옳고 그름을 판단하지는 않는다. 동시에 많은 경우, 시비에 대한 애매모호한 판단은 중국문화의 고유관념, 다시 말해 사물인식에 대한 관점을 보여주고 있다. 즉, 어떠한 사물이라도 절대적인 것은 없고 다른 입장과 다른 각도에서 문제를 보거나 다른 시점에서 문제를 보면 결론은 아마도 달라질 것이다라는 생각이다. 그래서 중국 사람들은 종종 그런 것 같으면서도 아닌 듯하게 평가하는 게 습관이 되어 있다.

중국 사람들은 사물의 대립은 물론 존재하지만, 그보다는 서로 돕고 키워주는 것이기 때문에 사람들은 원만함을 추구해야지 절대적인 옳음을 추구해서는 안 된다는 견해를 갖고 있다. 다시 말해서 일을 정확하게 한다고 해서 반드시 좋은 것은 아니며, 원만해야 그것이 진정으로 좋다는 것이다.[21] 그렇다면 원만함이란 무엇을 말하는가? 다음과 같은 예를 통해 살펴보자.

두 부서의 왕 과장과 홍 과장은 한 문제를 가지고 계속 의견이 달라서 결론을 내릴 수 없었다. 뿐만 아니라 상대방을 설득시키기도 어려운 상황이었다. 결국 이 문제가 부장한테 까지 갔다. 부장은 상황을 이해한 후 홍 과장의 의견이 좀 더 나은 것 같으며, 회사 이익에도 더 부합이 된다고 생각했다. 하지만 부장은 홍 과장 의견이 맞고 왕 과장의 의견이 틀리다는 식으로 통지하지 않고 두 사람을 자신의 사무실로 불렀다. 그리고는 왕 과장에게는 그의 견해 중 많은 점이 맘에 들지만 어떤 면에서는 너무 앞서가고 있고, 회사의 현재의 필요에도 적합하지 않다는 식으로 말해 주었다. 그리고 홍 과장에게는 그의 관점 중 부족한 부

---

21 曾仕强『中国式的管理行爲』, 中国社会科学出版社, 2005年3月, 5쪽

분에 대해 집중적으로 언급을 하였다. 부장의 이런 방식은 왕 과장으로 하여금 자신이 비록 홍 과장의 의견을 받아들이지만 왕 과장의 견해가 잘못되었다고 지적하는 것이 아님을 알려주는 것이었다. 때문에 왕 과장은 부장이 비록 자신의 주장을 받아들이지는 않았지만, 그래도 불쾌해 하지는 않았다. 그리고 홍 과장 역시 부장이 자신의 관점에 문제점이 있다는 것을 지적하고 있는 이유가 왕 과장의 마음을 불편하지 않게 하려는 의도임을 잘 알고 있다. 부장의 이와 같이 애매모호한 평가는 당사자 모두를 비교적 만족시키고 있다.

그래서 많은 사람들에게 있어서 원만함은 반드시 어떤 특정인이나 특정 사안의 정확성을 증명하기 위한 것이 아니라, 대다수의 사람들로 하여금 받아들이거나 비교적 만족스럽게 느끼도록 하는 것이다. 중국인들이 결코 시비의 기준이 없거나 옳고 그름을 지적하지 않는다는 것은 아니다. 가능하면 더 많은 사람들을 만족시키고 모두들의 체면을 유지할 수 있도록 배려하는 것이다. 더욱 중요한 것은 중국인들이 보기에 옳고 그름의 문제는 절대적이지 않다는 것이다. 단지 옳은 바가 좀 더 많고 또는 잘못된 바가 좀 더 많다는 차이라는 것이다. 때문에 시비를 판단할 때 쟁점이 되는 쌍방에 대해 모두 칭찬과 폄하가 있다. 얼듯 보기에 애매모호하게 평가를 하는 것 같지만, 사실 그 과정 중에 평가하는 사람의 관점을 은연 중 드러내고 있는 것이다.

시비 문제에 있어서 중국인들은 특별히 인정(人情)을 중시한다. 많은 경우 정(情)이 이치나 원칙 또는 법에 우선하기도 한다. 시비를 판정할 때의 상대성은 사안 또는 관점 그 자체로 결정되기도 하지만, 평가를 받는 사람과 평가자 자신의 관계에 따라 결정되기도 한다. 많은 사안이 멀고 가까운 친소(親疎) 관계에 따라 각기 다른 평가가 내려지곤 한다. 공자(孔子)가 말한 "父爲子隱, 子爲父隱"의 주장은 바로 정(情)이 우선시 된다는 것을 나타내고 있다. 뜻인즉, 부자(父子) 사이의 윤리는 매우 중요하다. 그렇게 때문에 아버지가 설사 잘못을 범하더라도 아들은 고발하거나 증언을 할 수 없고(隱), 그 반대의 경우도 마찬가지인 것이다. 이는 법을 지키지 말라는 것이 결코 아니다. 우선은 아버지 또는 아들 된 자로서의 윤리적 책무에 부합해야 한다는 의미이다.

유명한 사회학자 費孝通(페이쌰오퉁) 선생은 '차별적 구조(差序格局)'라는 개념을 제기하였다. 그가 보기에 중국의 사회 구조는 서양사회와 같이 그렇게 한 묶음 한 묶음 정확하게 묶는 장작꾸러미가 아니라, 돌을 수면 위로 던졌을 때 지속적으로 발생하는 둥그런 파장 같다고 표현하였다. 모든 개개인은 자신의 사회적 영향으로 만들어나가는 권(圈)의 중심이며, 이러한 구조 속에 사회관계는 매 개인이 만들어내는 관계들의 확대가 된다. 때문에 중국 전통사회에서의 모든 사회도덕은 단지 개인과의 연계 중에서 그 의미가 발생하게 된다는 것이다.[22] 자신이 만들어내고 자신이 발생시키는 사회관계 속의 사람들과 발생하는 각각의 차별성은 바로 사람들이 각종 문제를 처리하거나 시비를 판단할 때의 기준이 된다는 이론이다. 예를 들어 마을 안에서 다른 사람에 대해서 자신의 가족은 자기 권내(圈內)의 사람이지만, 도시나 혹은 기업 등 밖에 나가게 되면 같은 마을 사람들이 자기 권(圈)의 사람이 되는 것이다.

四. 고사성어(故事成語)에서 본 인간관계와 심리

중국어에는 사람간의 관계를 묘사하거나 비유하는 성어(成語)와 속담이 많다. 그 중 몇 가지 예를 통해 중국인들이 대인관계에 대해 갖고 있는 인식 및 이와 관련된 내용을 살펴보고자 한다.

● 중지성성(衆志成城, 많은 사람이 단결하면 성을 이룬다)

이 말은 힘을 합쳐 함께 하는 사람들은 성(城)과 같이 견고해서 무너뜨릴 수 없다는 뜻이다. 이는 중국인들의 대인관계 특징을 아주 잘 나타내고 있다. 중국인들은 예로부터 단체의 역량과 단결을 매우 강조해 왔다. 단결의 기초는

---

22 费孝通 저, 『鄉土中國』, 上海人民出版社, 2006年4月, 21쪽, 25쪽

국가일 수도 있고 민족일 수도 있으며, 또는 고향·동창·가정일 수도 있다. 아무튼 중국인은 강렬한 대중의식을 갖고 있어서 단체 속에서 중국인들은 소속감과 집단에 대한 명예심을 갖는다. 일치단결이 되면 아무리 어려운 목표도 달성할 수 있다고 많은 사람들은 믿고 있다. 이 성어는 중국인들의 정의(正義)를 격려하기 위해 사용되기도 하지만, 반면에 많은 사람들을 동원하여 일을 도모할 때 핑계나 구실로 쓰이기도 한다.

- 임인유친(任人唯親, 능력에는 관계없이 자신과 가까운 사람을 임용한다)
- 임인유현(任人唯賢, 자신과의 관계에 상관없이 인격과 능력을 갖춘 사람을 임용한다)

기업을 운영해 가면 갈수록 더 많은 전문적인 인재가 필요해 진다. 정책결정·재무·원료·창고물류·핵심기술 등 각 방면에서 자신과는 아무런 관계가 없지만 인격과 능력을 갖춘 사람을 써야 할 것인가 아니면 능력보다는 자신에게 가까운 사람을 써야 할 것인가 하는 문제는 중국기업 경영자들을 상당히 곤혹스럽게 하는 난제이다. 이론적으로 기업이 발전하려면 당연히 가장 최상의, 가장 적합한, 가장 전문적인 인력을 써야 하다. '임인유현(任人唯賢)'에 해당된다. 하지만 중국인의 위기의식과 안전에 대한 요구는 자신도 모르게 어쩔 수 없이 집안사람이나 친척을 쓰게끔 만든다. 만약에 해당자가 없다면 동향이나 동창 등 자기가 비교적 잘 알고 있으며 비교적 안전한 사람을 데려다 쓴다. 인품이 좋고, 믿을 만하고, 안전한 사람, 이는 일반적으로 중국기업가들이 가장 최우선시 하는 용인(用人)의 기준이다. 그들도 엄격한 관리제도, 합리적인 보수(報酬)와 균등한 승진기회 등의 조건이 우수한 인력을 안정적으로 유지하는데 중요하며 효과적이라는 것도 잘 알고 있다. 하지만 기업운영자들은 그래도 안전을 제일 우선순위에 놓기를 원한다. 이런 기업 내에서 능력은 정(情)이라는 요소 뒤로 밀리며, '전문성'은 '안전'이라는 요소에게 자리를 양보할 수밖에 없다. 즉 '임인유친(任人唯親)'에 해당된다. 이런 방식으로 사람을 쓰게 되면 기업발전 초기에는 그 폐단이 그다지 드러나지 않지만, 기업의 규모가 갈수록 커지면서 '임인유친(任人唯親)'이 갖고 있는 문제점은 더욱 두드러지게 된다.

- 친불친, 고향인(親不親, 故鄕人, 친한 사람이건 아니건 고향사람은 그리운 것이다)
- 노향견노향, 양안루왕왕(老鄕見老鄕, 兩眼淚汪汪, 고향사람을 만나니 두 눈에서 눈물이 펑펑 쏟아진다)
- 노향견노향, 배후타삼창(老鄕見老鄕, 背后打三槍, 고향사람을 만나서 뒤에서 총 세 발을 쏜다)

중국은 땅이 넓고 인구가 많은 나라이다. 56개의 다민족들이 살고 있으며 지리학자와 역사학자, 문화학자들에 의해 다양한 지리환경 구역과 문화 구역으로 나눠지는 광활

한 나라이다. 지역이 넓고 사람도 많고 민족수도 많기 때문에 고향이나 같은 민족에 대한 유대감이 국가에 대한 공감대보다 더 강한 경우가 많다. 그들은 동향·동족(同族)·동창에 대한 신임을 대인관계의 기초로 삼고 있으며, 업무 수행 중 이러한 정(情)이 우선하는 특징을 드러내고 있다. 사람들은 혈연(血緣)·친연(親緣)·지연(地緣)관계가 안전에 대한 요구나 언어생활과 사고(思考)방식에 커다란 영향을 주고 있다는 것을 잘 알고 있다. 하지만 이렇게 동향이나 같은 민족을 자연스럽게 신임하는 분위기가 매우 보편적일 뿐 아니라 한 발 더 나아가 업무관계에까지도 영향을 주고 있기 때문에, 이런 모습들이 그다지 객관적이거나 합리적인 태도라 볼 수 없다. 이런 상황은 고향을 떠나 일을 하는 타 지역에서는 더 특별한 의미를 갖는다. 통상적으로 누군가 문제가 생기면 동향사람들이 나서서 도와주고 지원해 준다. 다른 사람과 모순이나 충돌이 생기면 이를 해결하기 위해 고향사람 중 영향력 있는 사람에게 부탁하면 비교적 쉽게 해결된다. 이유는 아주 간단하다. 같은 고향사람이니까 팔이 안으로 굽지 밖으로 굽지는 않는다는 것을 믿기 때문이다. 이와는 반대로 대인관계의 이런 점을 악용하여 전적으로 고향사람이나 동족(同族)에게 사기 치는 사람들도 있다. 이런 경우 중국어로 "노향견노향, 배후타삼창(老鄕見老鄕, 背后打三槍)", 즉 "고향사람을 만나서 뒤에서 총 세 발을 쏜다."라고 표현한다.

● 법불책중(法不責衆, 많은 사람이 저지르면 죄가 되지 않는다)

이 말의 뜻은 다수인에 의해 똑같은 혹은 유사한 행위로 인해 법률위반이나 규정위반이 되었을 때 사람들이 많기 때문에 처벌을 받지 않는다는 것을 말한다. 이는 아주 중국적인 속담이라 할 수 있다. 심지어 많은 중국인들이 문제가 발생하였을 때 생각하는 방식이라 말할 수 있을 정도이다. 즉, 많은 사람들이 똑같이 나쁜 짓을 하였는데 설마다 잡아들여서 처벌을 할 수 있을까라는 식의 사고방식인 것이다. 그래서 어떤 사람들은 자기가 무슨 일을 하고 싶은데 이 일이 법률이나 규칙에 벗어날 경우, 많은 사람들을 동원해서 함께 한다. 모두 규정을 위반했으니 문제가 되지 않을 것이라는 '법불책중(法不責衆)'의 사고방식인 것이다. 기업의 노동자들이 기업의 제도나 사장에 대해 불만이 있을 경우 단독으로는 저항할 용기가 없어서 많은 사람들을 동원해서 함께 집단 행동하는 것이 바로 이런 심리인 것이다.

● 오십보소백보(五十步笑百步, 오십보 백보)

전국시대(戰國時代)때, 맹자(孟子)는 양혜왕(梁惠王)과 이야기하며 다음과 같은 비유를 들었다. 병사 두 명이 전선에서 전투에 패해 후퇴하는데, 한 명은 오십 보 후퇴하였으며, 또 다른 한 명은 백 보 후퇴하였다. 오십 보 후퇴한 병사가 백 보 후퇴한 병사에게 겁이 많다고 비웃었다.

사실 누가 좀 덜 후퇴했느냐의 차이였을 뿐, 둘 다 모두 후퇴하는 상황이었다. 이 이야기는 자기와 다른 사람이 정도상의 차이는 있지만 똑같이 결점이나 착오가 있는데, 자신은 모르고 남을 비웃을 때 사용되는 비유이다. 생활이나 업무 중 종종 이와 같은 사람들이 있다. 자신의 결점은 보지 못 하고 항상 남의 결점이나 문제점을 들추면서 조롱할 때 기업 내에서 모순을 불러일으키는 경우가 있다.

- 해인지심불가유, 방인지심불가무(害人之心不可有, 防人之心不可無, 다른 사람을 해치려는 마음을 가져서는 안 되며, 다른 사람으로부터 방어하는 마음도 없어서는 안 된다)
- 인심격두피(人心隔肚皮, 열 길 물속은 알아도 한 길 사람의 속은 모른다)

사람의 마음은 알지 못하기 때문에 다른 사람이 마음속으로 무엇을 생각하고 있는지 모를 때 조심하면서 방어적 마음을 유지하는 것이 좋다. 중국의 조상은 성선설(性善說)을 주장하였다. 마땅히 다른 사람에게 해가 되는 일은 하지 않으며, 서로 협조하며, 동료의 일에 장애가 되지 않도록 하며, 의도적으로 업무 질서를 파괴하지 않으며, 기업들의 시장경쟁도 마땅히 이와 같아야 한다. 하지만 모든 사람들을 믿어서는 안 된다. 사람들이 모두 자기와 같이 선의적이며 규범을 지킨다고 생각하면 안 된다. 다른 사람이 정당하지 못한 행위로 또는 부도덕한 행위로 자신에게 상처를 입히는 것에 대해 방어해야 한다. 시장에서 기업들도 다른 기업들의 악의적인 경쟁, 자기 기업에 대한 위해(危害)에 대해 조심하고 경계해야 한다. 이 속담은 중국 사람들의 신중하고 안전에 대해 조심하는 스타일을 반영하고 있다.

● 각인자소문전설, 막관타인와상상(各人自掃門前雪, 莫管他人瓦上霜, 자기 집 앞의 눈만 쓸지, 다른 사람 지붕 위의 서리는 신경을 쓰지 않는다)

이 속담은 이기적이거나 다른 사람에 대한 무관심한 심리를 나타낸다. 사람들은 단지 자기의 이익과 관련된 문제를 처리하는 데에 관심이 있지, 다른 사람의 일은 신경을 쓰지 않음을 비유한 것이다. 기업의 경우, 통상 자신이 책임지고 있는 일만 하고 자기의 일을 완수한 것에 대해서만 만족하고, 회사 전체의 이익은 고려하지 않거나 또는 동료와의 협력의식이 결여되었을 때 사용할 수 있는 표현이다. 심지어 다른 사람의 일을 방해하면서 자기의 일만을 완수하는 경우도 있다. 어떤 사람들은 중국인의 단체의식을 마치 모래알 같다고 형용한다. 사람들의 응집력이 부족하고, 단결이 잘 안되고, 협동의식이 모자란다고 하는데, 바로 위의 속담과 같은 심리에서 나온 표현일 것이다.

● 일인득도계견승천(一人得道鷄犬升天, 누가 득도를 하면 그 집안의 닭과 개도 함께 승천한다)

한(漢)나라 회남왕(淮南王) 유안(劉安)이 도를 닦고 수

련하는데, 전국의 도사들이 회남(淮南)에 모여들어 비법을 전수하여 결국 신선이 되어 온 가족이 승천하였다. 집안의 닭과 개들도 덩달아 선약을 먹고 하늘에 올라갔다고 하는 전설이 있다.[23] 후에 한 사람이 득세를 하면 그의 친척이나 친구들도 따라서 그 덕을 보는 것을 비유한다. 중국의 민간기업 중에는 이러한 현상이 꽤 많다. 어느 누가 사장이 되면 자신의 친척이나 친구들도 기업에 들어온다. 다른 사람들보다는 이들에 대해서 더 신임을 하기 때문이다. 그래서 한 사람이 성공하면 집안에 그 혜택이 미친다. 이는 중국에서 많은 사람들이 그럴 수 있다고 인정하는 현상이다.

● 간인하채설(看人下菜碟, 사람을 봐 가면서 음식을 내놓는다)

교제하는 대상이 다르면 대하는 태도도 다르다. 이는 융통성 있고 신축성 있는 대인관계를 말한다. 이 이외에도 지위가 높거나 권세가 있는 사람한테 대하는 태도와 그렇지 못한 사람들에게 대하는 태도가 다른 경우에도 쓰인다. 기업 내에서 어떤 사람은 정말 이런 경향이 있다. 같은 문제인데도 윗사람한테는 아주 공경하거나 감히 말하지도 못하면서, 아랫사람에게는 기세등등하게 사람을 압박하는 그런 사람들이 있다.

● 새옹실마언지비복(塞翁失馬焉知非福, 새옹지마)

---

23 犬鳴于天上, 鷄鳴于雲中.(漢나라 王充저『論衡』「道虛」)

● 화혜복소의, 복혜화소복(禍兮福所倚, 福兮禍所伏, 화 속에 복이 깃들어 있고, 복 안에 화가 숨어있다)

『회남자(淮南子)』「인간훈(人間訓)」편에 다음과 같은 이야기가 있다. 변경에 어느 노인이 말 한 마리를 잃어버렸다. 다른 사람들이 그를 위로하자 그는 오히려 "이것이 복이 될 줄 누가 알겠습니까?"라고 대답하였다. 후에 정말로 그 잃어버렸던 말이 또 다른 말 한 마리를 데리고 돌아왔다. 이와 같은 성어는 나쁜 일이 오히려 좋은 결과를 이끌어 내고, 좋은 일도 나쁜 결과를 가져올 수도 있을 때 사용된다. 변증적인 사고방식으로 문제점을 생각하고 인식하는 것, 이것은 중국문화의 중요한 관념 중 하나이다. 사람들은 대인관계를 포함한 각종 사무를 처리할 때 어려운 일에 봉착하면 이와 같은 태도로 생각하며 자신을 위로한다.

● 노요지마력, 일구견인심(路遙知馬力, 日久見人心, 길이 멀어야 말의 힘을 알 수 있고, 시간이 지나야 사람의 마음을 알 수 있다)

길이 멀어야 비로소 말의 힘이 센지 아닌지를 알 수 있듯이, 함께 지내는 세월이 길어야 사람됨을 알 수 있다. 중국 사람들은 친구 사귀는 것을 좋아한다. 모든 사물이 분리된 하나의 일이 아니라, 오랜 시간 지나가는 과정 속의 하나의 일이듯이 자신의 교제가 일시적인 것이 아닌 오래 가기를 희망한다. 기업의 직원이나 관리자들도 이러한 마음을 갖고 있다. 오랜 기간 근무하면서 자신의 성의와 능력이 드러나면서 다른 사람들이 자신을 인정해 주기를 바란다. 다른 사람을 관찰할 때에도 사람들은 종종 이와 같은 마음으로 상대방의 행위와 일 처리 태도를 본다.

- 예상왕래(禮尙往來, 오고 가는 것이 중요하다),
- 내이무왕비례야(來而無往非禮也, 받은 만큼 돌려주지 않으면 예의가 아니다)

교제할 때는 서로 오고 가는 것이 있어야 된다. 당신이 나한테 어떻게 하였으면, 나도 마찬가지로 그만큼 당신에게 보답해야 한다는 태도이다. 특히 진실하고 우호적인 교류에 사용되는 말이다. 중국 사람들은 예의와 정의(正義), 체면을 중시한다. 다른 사람이 자기에게 잘 해주면 자신은 그보다 훨씬 더 잘해주려고 한다. 만약 다른 사람이 나한테 못되게 굴면, 나도 똑 같은 방식으로 보복하려고 하는 심리가 있다. 때문에 중국기업 내에서 윗사람과 아랫사람 또는 동료와의 관계에서 사람들의 이와 같은 심리를 잘 읽고 처신을 해야 한다.

第三篇
기업제도

第一章 중국기업의 유형

一. 중국의 경제유형에 대한 이해

한 국가의 기업을 이해하기 위해서는 우선 그 국가의 기본 제도를 이해해야 한다. 이는 기업제도 · 기업문화의 건립과 형성 및 발전의 기초가 되기 때문이다.

중국은 사회주의 제도를 시행하는 나라이다. 중국의 사회기초와 경제유형은 자본주의 국가와는 다르다. 1949년 중화인민공화국이 건국된 이후 80년대 이전까지 중국은 줄곧 계획경제 체제를 시행해 왔다. 계획경제 시스템 하에 사회의 모든 경제활동과 경제목표는 국가가 통일적으로 계획하고 안배하였으니, 기업의 경영방식 · 경영규모 · 경영내용과 주요 물자의 가격 등은 국가의 통제 하에 진행되었다.

5~60년대 출생한 사람들은 당시 매주 금요일이 되면 집안의 아이들은 아침 일찍부터 일어나서 시장에 가서 고기 · 콩 · 배추 같은 생활용품을 사기 위해 줄을 서서 기다렸던 것을 기억하고 있을 것이다. 그 줄은 통상 매우 길어서 일찍부터 줄을 서서 기다려야 했는데, 상점이 문을 열면 집안의 어른들이 줄에 서있던 아이들과 교대해서 필요한 물건을 사가지고 돌아왔다. 그 당시 집안마다 공급노트가 있었는데, 규정에 의해 매월 한 사람이 살 수 있는 고기

표와 두부표 등이 붙어 있었다. 이 뿐만 아니라 매일 먹는 쌀 · 밀가루 · 식용유 · 옷을 만들기 위한 면(綿) · 세탁용 비누 등도 모두 가족 수에 따라 공급되었다. 도시 사람에게는 그 당시 배급표를 가지고 물건을 사서 쓰던 것이 아련한 추억이 되고 있다. 사회에서 생산하는 물자도 모두 계획에 따라 공급되었다. 그 당시 대형기업이건 중소기업이건 모두 국가가 설립하고 국가가 소유하였다. 당시에는 국영기업이라 불렸다. 중앙 및 각급 지방정부는 생산계획과 지도계획을 제정하고 집행하였으며, 모든 기업들은 이 계획과 국가가 제정한 가격에 의해 연탄이나 철강 · 면화 · 석유 등 각종 생산물자와 원료를 구매하거나 판매하였으며, 기업의 생산 · 경영 · 판매 활동도 모두 국가의 통제 하에 진행되었다.

1978년 개혁개방 이후 계획경제 시스템에서 시장경제로 넘어가는 과도기와 발전시기에 국가는 점차로 기업 경영과 발전 계획에 대해 개입을 하지 않게 되었으며, 기업들도 시장의 수요에 따라 자신들의 생산과 경영활동을 하기 시작하였다.

중국의 사회경제 제도의 기초는 생산물자의 공유제이며, 전 국민소유제 또는 집단소유제이기도 하다. 경제활동의 기본 역량은 국가소유와 집단소유 두 가지 형식이 있었는데, 그 두 축은 국영기업과 농촌의 집단경제 조직이었다. 하지만 개혁개방 이후 20여 년이 지난 오늘날에는 민영기업들이 중국경제에서 무시할 수 없는 중요한 주춧돌이 되고 있다.

중국과 중국기업 현황에 대해 이해하고자 한다면 다음과 같이 세 가지 기본적인 경제유형에 대해 이해를 해야 한다.

(一) 국가소유제(전 국민소유제)

국가소유제는 '전 국민소유제(全國民所有制)'라고도 한다. 국가가 전체 국민을 대표해서 소유권을 갖고 있는 소유방식이며, 국가가 권한을 부여한 관리부서가 국가와 국민을 대신해서 기업의 자산을 소유하고 관리하고 경영하는 것이다. 기업 자산에 대한 중앙정부의 관리부서는 '국무원 국유자산 감독관리 위원회(國務院國有資産監督管理委員會)'이며(圖1), 지방정부의 관리부서는 각 성(省)의 '자산관리국(資産管理局)'이다.

국가가 투자한 기업을 국유기업이라 한다. 이런 기업들의 최종적인 재산권은 전체 국민들의 공동소유로 귀속되거나, 국가 또는 정부가 출자하여 세운 기업들에게 귀속된다. 정부에서 파견한 사람이 기업 이사장이나 사장 등 관리인 역할을 하며, 법률상으로는 독립된 법인이다.

국유기업은 중국 개혁개방 과정 속에서 커다란 골칫거리가 되고 있다. 원래의 계획경제 체제 하에서 국유기업들의 관리 수준과 업무 효율은 매우 낮았고, 자원의 낭비도 심각하였으며, 보편적으로 적자에 허덕이는 등 각종의 문제들이 존재하였었다. 최근 들어와 중국정부는 국유기업의 공사화(公社化), 주식 지분제(持分制) 및 지분이전(持分移轉) 등 각종 방식을 통해 국유회사에 대해 개혁을 진행하고 있으며, 많은 국유기업들이 지분을 민영기업이나 개인에게 넘김으로써 국가와 개인 공동소유의 기업형태 또는 사기업 형태의 기업으로 탈바꿈하고 있다.

(圖1)

유명한 동인당(同仁堂) 회사가 바로 국가가 지분을 통해 지배하는 회사이다. 동인당은 원래 청나라 강희(康熙) 8년에 건립된 제약회사이다. 1990년대 이래 동인당은 시장경제라는 새로운 체제에 적응하지 못해서 자금부족 등으로 경영이 악화되었다. 당시 대출액이 수억 원에 달했으며, 은행이자 수천 만 원도 갚지 못하고 있었으며, 자산부채율이 70%를 넘어섰다. 후에 동인당 그룹은 동인당주식회사를 세워서 생산과 관리에 대한 대대적인 개혁을 단행해서 지금은 현대화된 아주 우수한 대형 중의약(中醫藥) 그룹으로 발전하였다.[24]

(二)집단소유제경제

집단소유제란 노동자 집단이 소유권을 행사하는 경제형식이다. 농촌의 집단조직에 속해 있는 마을 사람들이 토지 및 생산물자에 대해 공동으로 소유권을 갖는 것이 그 예이다. 향(鄕) 단위에서도 집단소유제 기업을 세울 수가 있으며, 기업의 각종 중요한 사무는 전체 마을 사람 또는 마을에서 뽑은 마을위원회에서 결정한다. 진(鎭) 단위에서도 한국의 동(洞) 정도에 해당하는 가도(街道)의 노동자들이 집단으로 소유하는 기업들이 존재하고 있으며, 함께 노동하고 함께 분배를 한다. 오늘날 중국을 대표하는 유명한

---

24 http://www.people.com.cn/GB/jingji/1039/3056191.htm

전자회사인 하이얼 그룹의 전신인 산동성(山東省)의 '청도 냉장고(중국명 青島冰箱廠)' 회사도 바로 가도(街道)의 노동자들이 집단으로 세운 공장이었다.(圖 2)

(圖2)

(三) 사영경제(私營經濟)

사영경제란 개인이 소유하고 관리하고 경영하는 경제형태를 말한다. 중국은 1978년 개혁개방 이래 사영경제가 점차로 사회경제 중 중요한 역할을 담당해 오고 있으며, 초기의 개체기업(個體企業), 80년대의 사영기업(私營企業) 형태를 거쳐 오늘날에는 상당한 규모의 민영기업(民營企業)으로 발전해 왔다. 이에 따라 사영경제가 중국경제에서 차지하는 영향력은 갈수록 커지고 있다. 2003년 수정한 《중화인민공화국주석헌법(中華人民共和國主席憲法)》에는 사유재산에 대한 보호를 명확히 규정하고 있으며, 2007년 3월 제10기 전국인민대표대회 제5차 회의에서 통과되고 2007년 10월 1일부터 실시한 《중화인민공화국물권법(中華人民共和國物權法)》은 한 발 더 나아가 사유재산에 대해 법률적으로 보장을 하고 있어서 개인의 재산과 사영경제 발전에 커다란 공헌을 하고 있다.

2004년 사영기업들의 공업생산은 인민폐 8,290억 원에 달하고 있으며, 전국 공업생산 증가치의 15%를 점하고 있다.[25] 2006년에는 일정 규모 이상의 사영 공업기업이 실현한 이익 총액은 2,948억 원으로, 공업기업 전체 이윤의 15.7%를 점하고 있다. 이 이익 총액은 전년 대비 43.6%가 증가한 것이며, 여러 유형의 기업 중에서 그 증가폭이 가장 컸다.

二. 기업 형태에 대한 일반 중국인들의 인식

만약 당신이 25년 전에 중국에 와서 누군가에게 직업을 물었다면, 그 사람은 "저는 모 국영기업의 공장에서 노동자로 일하고 있으며, 월급은 매우 안정되어 있고, 회사의 복지도 좋습니다. 그리고 업무도 그다지 빡빡하지 않고 비교적 여유 있게 일합니다."라고 자랑스럽게 대답을 하였을

---

25 「中華人民共和200年国民經濟和社会發展統計公報」

것이다. '복지'는 회사가 직원들에게 주는 생활상의 여러 가지 편의로, 일반적으로 기업이 명절 때나 국경일 때 직원들에게 나누어 주는 달걀 · 과일 · 식기도구 · 침대보 등을 가리킨다. 그 당시 많은 국영기업들은 '작은 사회(小社會)'로 불렸다.

생산 공장 · 사무실 등 회사 경영과 관련된 시설 이외에도 근무자들의 생활과 직접적 연관이 있는 근무 부서도 많았는데, 예를 들면 의무실 · 식당 · 유치원 · 초대소 · 상점 심지어는 자녀들이 다니는 학교도 있었다. 이런 국영기업들은 한 번 입사가 되면 평생을 이곳에서 일을 할 수가 있었다. 은퇴 후 그들의 자녀들도 부모의 뒤를 이어서 그 회사의 직원이 될 수 있었다. 안정된 수입 이외에도 생활면에서도 편리한 점이 많았다. 때문에 직원들은 자신의 직장에 대해 상당히 만족하곤 하였다.

만약 당신이 15년 전에 중국에 왔다면 상황은 이미 상당히 달라져 있을 것이다. 그 당시는 국유기업에 대한 개혁이 이미 진행되고 있었고, 점차 시장경제로 진입하면서 국유기업들은 각종 유형의 기업과 경쟁하기 시작하던 시기라서, 이전과 같이 모든 것을 국가가 책임지던 시대는 지나가고 기업 스스로가 영업이익이나 손실을 책임져야 했다. 그래서 직원들과 기업과의 관계도 이전과 같지 않아서 종신근무제도가 사라지고 기업들은 계약제를 실시하여 모든 직원들은 기업과 계약을 맺어야 했다. 이 이외에도 많은 국유기업들은 더 이상 시장경제에 적응을 하지 못하고, 기업의 경영 상태는 악화되어 노동자들의 임금은 낮아지거나 불안정하게 되었다. 적지 않은 국유기업들이 감원을 시작하여 대량의 실직자들이 발생하였다. 국유기업에서 근무하는 사람들도 더 이상 자부심을 가질 수 없게 되었다.

1990년대 초, 중국에서는 국유기업에서 일하는 것이 더 이상 사람들의 선망의 대상이 아니었다. 그 대신에 이미 영향력이 커지기 시작한 외국인 투자기업인 외자기업(外資企業)들이 그 자리를 대신하기 시작하였다. 외자기업에서 일하는 화이트 컬러 근무자들은 아마도 당시 가장 자부심을 느끼던 계층이었을 것이다. 그들의 수입은 일반적으로 다른 기업에서 종사하는 사람들보다 높았고, 종종 외국인 사장 · 외국인 동료 · 외국인 고객 등 다른 나라 사람들과 교제를 할 수 있었기 때문이었다. 게다가 그들은 외국어 실력 · 기술 · 관리 등에 있어서 높은 능력들을 갖추고 있었으며, 더욱 선진적인 기술과 관리 경험을 쌓을 수 있었기 때문에 다른 사람보다 더 좋은 기회와 능력과 지위를 구비하고 있다는 자부심을 갖기에 충분하였다.

만약 당신이 5년 전에 중국에 왔다면 각종 유형의 기업들의 발전에 크게 놀랐을 것이다. 기업에 대한 사람들의 인식도 더 이상 국유나 집단 · 합작 · 개인 등에게 소유된 형태의 기업에 국한되지 않았으며, 기업들도 이미 소유제의 제한을 벗어나고 있었다. 단순히 외자기업을 숭배하던 시기도 이미 지나갔으며, 민영기업들이 갈수록 많아지고 있었다. 많은 사람들도 민영기업에서 일하는 것이 발전 가능성이 많으며, 자신의 창업을 위한 경험을 쌓을 수 있는 기회도 더 많다고 느끼고 있었다.

오늘날 중국에 오면 중국인들이 직업에 대해 갖고 있는 인식을 이해해야 한다. 왜냐하면 사람들의 생각이 과거와는 또 달라졌기 때문이다. 위에서 이야기했듯이 국유기업에서 일하는 것이 더 이상 자랑할 것이 못 된다. 오히려 실직당할 위험에 처해 있거나 이미 실직해서 우울한 나날들을 보내는 사람들이 적지 않기 때문이다. 외국인들이 투자한 기업에서 일하는 것도 더 이상 신기한 일이 아니다. 중국에는 이미 외자기업들이 갈수록 많아지고 있으며, 또한 모든 외자기업들이 더 나은 수입과 근무조건을 보장해 주지는 않기 때문이다. 민영기업에서 근무하는 사람들에 대한 대우도 다르다. 민영기업들의 발전상태도 각기 경영 상태에 따라 들쑥날쑥이다. 오늘날의 중국인 가운데에는 적지 않은 사람들이 자신이 기업을 창업해서 스스로 오너가 되는 것에 더 많은 관심을 갖고 있다.

三. 기업의 기본 유형

여러 형태의 경제 형식이 존재하고 있기 때문에 기업의 종류도 거기에 따라서 국유기업 · 집단기업 · 사영기업(私

營企業) 등과 같이 여러 형태로 분류할 수 있으며, 이러한 분류법이 그동안 상용되던 방식이었다. 하지만 1993년 회사법(중국어로 公司法이라 한다)이 공포된 후 국유기업·집체기업 등은 회사법에 따라 다시 재정의(再定義) 되어지고, 회사의 상황과 외국인 투자 등의 상황에 따라 오늘날 비교적 통용되고 있는 기업 유형으로는 다음과 같은 네 가지가 있다.

(一) 유한책임회사(有限責任公司)

절강성(浙江省) 온주시(溫州市)에 살고 있는 33살 된 王毅誠(왕이청)은 컴퓨터 임대를 하는 회사 하나를 등록하고 싶었다. 하지만 다른 사람과 동업하고 싶지는 않았다. 새로 개정된 《중화인민공화국공사법(中華人民共和國公司法)》이 효력을 발휘하기 시작한 2006년 첫 날, 비록 새해 첫날이었지만, 온주시(溫州市) 공상행정관리국(工商行政管理局)은 특별히 왕이청에게 그가 오랜 세월 동안 바라던 '온주시 온신 컴퓨터 임대 유한회사(溫州市 溫信電腦租賃有限公司)'의 영업허가증을 발급해 주었다. 이 영업허가증에서 명시하고 있는 회사의 성격은 유한책임회사였으며, 회사의 등록 자본은 인민폐 10만 원이었다.

왕이청이 설립한 이 회사는 중국 최초의 비국유(非國有)의 개인 회사였다.[26] 유한책임회사는 주주가 회사 채무에 대해 유한 책임을 지며, 주식을 상장하거나 유통시킬 수

없는 회사를 가리킨다.[27]

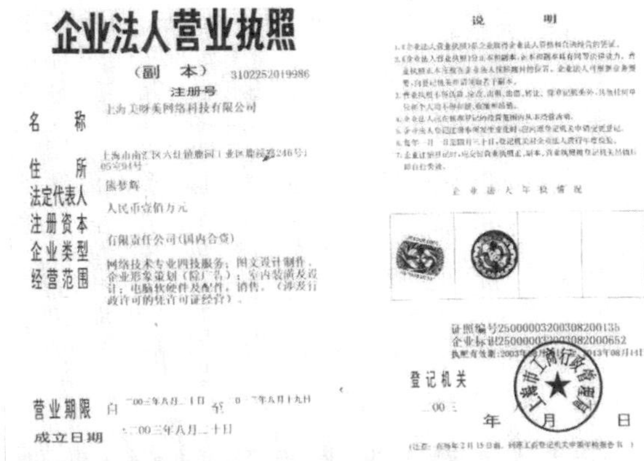
企业法人营业执照

（副　本）　3102252019986

注册号

名　称　上海美呀美网络科技有限公司

住　所

法定代表人

注册资本　人民币壹佰万元

企业类型　有限责任公司(国内合资)

经营范围　网络技术专业四技服务；图文设计制作，企业形象策划（除广告）；室内装潢及设计；电脑软硬件及配件，销售。

营业期限

成立日期　二00三年八月二十日

说　明

企业法人年检情况

证照编号25000003200308200135

登记机关

年　月　日

(圖3 : 모 유한책임회사의 영업허가증)

유한책임회사의 특징은 다음과 같다.

1. 주주의 숫자에 제한이 있다. 원래의 회사법(중국명 公司法)에서는 유한회사는 2인 이상의 주주로 구성되어야 하며, 50명은 초과할 수 없다고 규정하고 있었다. 주주는 개개인일 수도 있고, 법인(法人)일 수도 있으며, 사영기업, 국영기업 또는 정부가 투자한 기구일 수도 있다. 이 규정에 부합하기 위해 이전의 많은 회사들이 실

---

26 《北京青年報》 2006.1.2.B5版

27 企業博客 http://www.bokee.net/bloggermodule/image_viewblog.do?id=35837

제로는 한 개인이 투자하였지만, 등록할 때 친척이나 친구들을 끼워 넣어서 두 사람의 주주로 만들었다. 하지만 이렇게 되면 문서상과 실제 정확한 투자 상황이 다를 수 있기 때문에 분규가 발생할 소지가 많았다. 새로 개정된 회사법에서는 회사를 설립하는데 두 명 이상의 주주 제한을 폐기하고 개인이 회사를 설립할 수 있도록 허가하고 있다. 앞에서 언급한 왕이칭이 설립한 회사가 바로 개인회사이다. 이런 새로운 규정으로 인하여 회사를 창업하고 싶은 개인이나 법인은 모두 회사를 설립할 수 있게 되었다.

중국의 회사법은 국유독자회사(國有獨資會社)의 존재를 허가하고 있다. 즉 국가가 단독으로 출자하고 '국무원 국유자산 감독관리국(國務院國有資産監督管理局)' 또는 지방의 각급 '국유자산 감독관리기구(國有資産監督管理機構)'가 출자인으로서의 직무를 수행한다. 이런 회사의 이사장 등 경영책임자는 국유자산 감독관리기구에서 파견한다.

2. 공개적으로 주식을 발행할 수 없다. 유한회사의 주식은 내부적인 것이다. 대중에게 주식을 발행할 수 없다. 마찬가지로 증권시장에서 유통시킬 수도 없다. 그래서 유한회사의 자본은 회사를 설립한 주주의 투자로부터 나온다. 회사가 설립된 후 회사는 투자한 주주에게 출자

증명서를 발급한다. 때문에 증권거래소에서 매매되는 주식에는 유한책임회사의 것은 없다.

3. 법률상 독립적인 법인(法人)의 자격을 갖는다. 독립된 법인이란 독립된 권리와 책임을 갖고 있다는 것을 의미한다. 주주가 회사에 투자한 후 회사의 채무에 대해 투자금액 이외의 배상 책임은 지지 않는다. 회사소유의 채무는 회사가 회사 자체의 자본으로 책임을 진다. 그렇다고 해서 주주는 회사의 법인 지위나 자신의 유한책임을 이용하여 채무를 의도적으로 기피하거나 채권인의 이익을 침해해서는 안 된다.

만약 A 선생, B 선생과 C 회사가 공동으로 투자하여 유한회사를 차린다고 하자. 이 회사의 등록 자본은 인민폐 3만 원 이상이어야 한다. 그들은 회사설립 시 회사에 등록자본의 20%를 납부하여야 한다(단 3만원보다 적어서는 안 된다). 예를 들어, 40만 원이 등록자본이라면 회사설립 시 8만 원 이상 납부하여야 한다. 나머지 금액은 2년 이내에 회사에 납부하여야 한다.

만약 A 선생 혼자서 개인회사를 설립하고 싶다면 회사의 등록 자본은 10만 원 이상이어야 한다. 아울러 한 번에 이 금액을 납부하여야 한다. A 선생은 개인회사 하나만을 설립할 수 있다. 뿐만 아니라 그가 설립한 개인회사는 또 다시 투자해서 새로운 개인회사를 설립할 수 없다.

(二) 주식회사(股份有限公司)

주식회사의 모든 자본은 주식에 따라 계산된다. 주주들은 자신이 보유하고 있는 지분에 따라 회사에서 권리를 행사할 수 있다. 주식회사는 회사법 · 증권법과 증권거래소에서 규정하고 있는 조건에 부합이 되면 주식을 상해(上海)증권거래소 또는 심천(深圳)증권거래소에 상장시켜 매매할 수 있다.

주식회사는 유한회사와 마찬가지로 법률적으로 독립된 법인이다. 회사의 전체 자산은 채무적 책임을 진다. 주주들은 회사의 주식을 구매하는 것 이외에는 기타 책임을 지지 않는다. 주식회사와 유한회사와의 차이점은 다음과 같다:

1. 주식회사의 회사자본은 동일 액면가의 주식으로 나누어서 주주들에게 주식을 발행한다. 설사 그 회사의 자본이 수억 원 이상이 되더라도 균등한 액면가의 주식으로 나누어진다. 액면가는 10원일수도 있고, 5원 심지어는 1원 같이 아주 작은 금액일 수도 있다. 주주는 회사가 발행한 주식을 구매하고, 회사 내에서는 자신이 갖고 있는 주식 지분수 만큼 권리를 행사할 수 있다.
2. 주식회사의 주식은 증권거래소에서 상장되어 매매할 수 있다. 현재 중국에는 상해(上海)와 심천(深圳) 두 군데에 증권거래소가 있다. 2006년 현재, 기업이 증권거래소를 통해 주식을 발행해서 조달한 자금은 인민폐

5,594억 원이며, 전년보다 3,712억 원이 증가한 치수이다. 그 중 증자(增資)를 포함하여 128개 회사의 A주식(인민폐 액면가, 인민폐로 구매)과 우선주 2개 회사의 것이 발행되었으며, 이를 통해 인민폐 2,464억 원을 조달하였다. B주식(인민폐 액면가, 달러로 구매)은 모두 34종류가 발행되었으며, 유치한 자금은 인민폐 3,131억 원이다. 주식상장은 주식회사가 투자자금을 유치하기 위한 아주 중요한 통로이다. 갈수록 많은 주식회사들이 자기 회사의 주식을 증권거래소에 상장되기를 바란다. 2006년 말, 중국에서 상장된 주식회사(A · B주식 포함)는 2005년 말의 1,381개에서 1,434개로 증가하였으며, 시가 총액은 8조 9,404억 원에 달하여 2005년 말보다 175.7%나 증가하였다.[28]

(三) 독자기업(獨資企業) 또는 개체기업(個體企業)

만약 한 개인이 자신의 돈과 물자로 공상국(工商局)에 개인기업을 등록하고 자신이 경영하고 책임을 지며, 자신의 전체 재산으로 이 기업의 모든 부채를 이행한다면 이 기업은 바로 개체기업(個體企業)이 되는 것이다. 이러한 기업은 자본 등록에 어떠한 제한도 없다. 혼자서 설립할 수도 있다. 하지만 투자인은 기업의 채무에 대해 무한 책

28 《中華人民共和20年国民經濟和社会發展統計公報

임을 져야한다. 설립 수속과 조건이 비교적 간단하고, 법률적으로도 이사회 등의 기구를 설치해서 관리할 것을 요구하고 있지 않고 여러 가지 면에서 운영하기가 비교적 용이하기 때문에 독자기업(獨資企業)의 숫자가 가장 많다. 사실 공상행정관리국(工商行政管理局)에 등록을 한 독자기업(獨資企業) 이외에도 수많은 개체영업자들도 독자기업의 한 형태이다. 거리에서 만두나 두유(豆乳)를 파는 노점상, 야채시장에서 채소를 파는 상인들, 건자재 시장의 소규모 상점들, 이들 대부분이 개체상인(個體商人) 형태의 독자기업들이다.

(四) 외국인투자기업(外商投資企業)

2004년 중국에서 허가 설립된 외국인이 직접 투자한 기업은 43,664개이며, 2003년에 비해 6.3%가 증가하였다. 2005년도에는 44,001개로 2004년에 비해 0.8%가 늘었으며, 2006년에는 41,485개로 2005년에 비해 5.8% 감소하였다. 1978년 개혁개방 정책을 시행한 이래로 외국기업인들이 중국에 투자하고 설립한 기업은 기본적으로 매년 증가 추세에 있고, 점차 안정된 증가율을 보이고 있다. 이들 외국인들에 의한 투자는 중국 경제발전에 커다란 역할을 하고 있다.

맥도널드 · 벤츠 · 삼성 등 세계 유명회사들이 중국에 판매와 생산기지를 설립하고 있다. 중국의 외국투자기업은 중국과 합작 투자 경영기업(中外合資經營企業), 중국과 합작 경영기업(中外合作經營企業), 외자기업(外資企業) 등 세 종류가 있다. 어떤 유형이든 외국인들이 중국에 투자하고 설립한 회사들이다. 외국인 또는 외국회사는 중국회사나 개인들과 공동으로 투자하여 기업을 설립할 수 있으며, 외국의 또 다른 투자자와 공동으로 투자하거나 또는 자신이 독립적으로 중국에 투자하여 기업을 설립할 수도 있다.

중국 법률에 의하면 다음과 같은 조건에 부합되면 외국인들은 법인을 등록할 수 있다.

1. 기업경영에 소요되는 자금
2. 필요한 업무 인원
3. 생산과 경영에 필요한 장소
4. 필요한 허가 문서. 예를 들어 식품을 생산하려면 위생관리부문이 발급한 위생허가증이 있어야 하며, 화공(化工)제품은 화공관리부문에서 발급한 화공생산품 또는 위험물질에 관한 허가증, 병원을 개원하려며 의료관리부문의 허가 등이 필요하다.

第二章 기업의 등록 절차

一. 기업명칭 허가 신청

왕 선생 부부는 호남성(湖南省)의 농촌에서 줄곧 살아왔다. 그들은 여생을 농촌에서 지낼 생각이 없어서 금년에 호남성 수도인 장사(長沙)에 와서 그동안 양어장을 하면서 번 돈을 가지고 이 도시에서 옷을 만드는 공장을 짓고 싶었다. 그들이 공상행정관리국(工商行政管理局)에 가서 회사 등록 절차에 대해 물어보자, 우선은 회사의 명칭에 대해 사전허가를 받을 수 있도록 신청해야 한다는 답변을 들었다.

왕 선생은 자기 회사에 멋있는 이름을 짓고 싶어 여러 차례 고민한 끝에 회사 명칭을 '장사시 대중화 작소 복장제조총창(長沙市大中華雀巢服裝製造總廠)'으로 결정하였다. 왜냐하면 '중화(中華)'란 글자는 아주 기백이 있어 보일 뿐 아니라 '작소(雀巢, 사실은 유명 커피회사인 Nescafe의 상호)'는 많은 사람들이 익히 알고 있는 이름이기 때문이었다. 하지만 '작소(雀巢, Nescafe)'를 생산하는 회사는 의류를 생산하는 회사가 아니었으며, '작소(雀巢)'란 상표 또한 의류 브랜드도 아니었다. 하지만 이 이름은 "따뜻하고 이해심 많다"라는 느낌을 주기 때문에 의류 브랜드에 아주 적당하다고 판단되었으며, 또한 다른 회사의 이름이지만 이 명칭을 쓰더라도 생산 분야가 틀리기 때문에 충돌이 벌어지지 않을 것이라 생각하였다.

왕 선생은 이 상호에 대한 사전 승인을 위해 공상국(工商局)에 신청하였다. 하지만 이 명칭은 사용할 수 없다는 통지를 받았다. 왕 선생은 그제야 이 명칭이 중국의 기업 명칭 관련 규정에 어긋남을 알았다. 중국의 《회사법(公司法)》《회사등록관리(公司登記管理》《기업명칭등록관리규정(企業名稱登記管理規定》 등에 의하면 기업의 명칭은 다음과 같은 조건에 부합이 되어야 한다.

1. 기업은 오로지 명칭 하나만을 사용할 수 있다. 하지만 왕 선생이 신청한 명칭은 회사소재지 행정구역의 명칭인 '장사(長沙)', 상호인 '작소(雀巢)', 소속 업종인 '복장(服裝)', 회사의 조직형태인 '제조총공장(製造總廠)' 등 모두 4개로 구성되어 있다. 또한 회사는 명칭 가운데 반드시 '유한책임회사' 또는 '주식회사'와 같은 글자를 표기하여한다. 이는 사람들이 명칭을 보고 그 회사의 성격을 금세 알 수 있도록 하게 함이다. 그래서 만약 왕 선생이 자신의 회사를 제조창이라고 부르고 싶으면 '장사시 모모 의류 제조 유한책임회사(長沙市某某服裝製造廠有限責任公司)'라고 해야 한다.
2. 전국 규모의 회사, 국무원(國務院) 및 국무원으로부터 권한을 부여받은 기관이 허가하는 대형 수출입 회사 또는 대규모 그룹 회사만이 심사를 거쳐 회사 명칭에 '중

국(中國)'이나 '중화(中華)'를 사용하거나, 또는 '국제(國際)' '전국(全國)' '국가(國家)' 등의 글자를 넣을 수 있다.

'왕부정 백화점 주식회사(王府井商場股份有限公司, 왕부정은 북경의 명동에 해당하는 거리 이름)' 같이 역사가 오래된 유명한 회사나 외국인투자회사 이외의 일반 회사들은 회사 소재지의 성(省) · 시(市) · 현(縣) 등의 행정구역 명칭을 써야 한다. 그래서 왕 선생이 신청한 회사이름 중 '대중화(大中華)'는 규정에 어긋나는 명칭이다.

3. 기업이름에 임의로 '총공사(總公司)'라는 명칭을 붙일 수 없다. 필히 그 밑에 3개 이상의 회사 또는 자회사를 거느린 회사만이 총공사(總公司)란 명칭을 사용할 수 있다.

   이 이외에도 많은 사람들이 무역회사나 기술 또는 서비스 계통의 회사를 설립할 때 회사 명칭에 '00개발 유한회사(00開發有限公司)' 또는 '**발전유한회사(**發展有限公司)' 등의 이름을 사용하기를 좋아한다. 이 또한 규정에 맞지 않는 것이다. 회사 명칭에는 필히 회사 경영의 특징 또는 '00식품개발유한공사' 등과 같이 소속된 업종을 명시해야 한다.

4. 한어(漢語)는 중국의 공식적인 통용 언어이다. 그래서 회사 명칭에는 한자(漢字)를 써야하며, 한어병음(漢語拼音, 영어 알파벳을 이용한 중국어 발음기호) 또는 숫

자 등을 사용해서는 안 된다. 회사를 등록할 때 필히 한어(漢語) 명칭을 사용해야 되는데, 소수민족 자치지구에서 회사를 등록할 때에는 그 지역 소수민족 언어를 사용해도 된다. 예를 들어 티베트에서는 티베트어의 명칭을, 내몽고에서는 몽고어의 명칭을 사용할 수 있다. 이 이외에도 회사들은 영어 · 한국어 · 일본어 등의 외국어 명칭을 사용할 수 있다. 하지만 소수민족 언어를 사용하건 외국어를 사용하건 동시에 한자(漢字) 명칭을 사용해야 하며, 그 명칭의 내용이 서로 일치되어야 한다. 그리고 한자(漢字) 명칭과 기타 다른 언어의 명칭을 동시에 등록해야 한다.

5. 등록 주관부서의 행정관할 구역 내에서는 동업종의 다른 기업이 이미 등록한 동일 명칭이나 유사 명칭은 사용할 수 없다 .예를 들어 '소작(雀巢, 취에챠오)'이란 식품회사가 있다면 또 다시 이 명칭으로는 식품회사를 등록할 수 없다.

그렇다면 위에서 언급한 왕 선생의 경우, '소작(雀巢)'의 명칭을 가지고 의류 생산회사를 등록하는 것은 가능할까? 기업 명칭과 상표에 관한 현행 규정에 의하면, 기업은 타인이 등록한 상표와 같거나 유사한 글자로 기업명칭 중에 넣어서 등록할 수 없다. 그 이유는 상표나 기업 명칭에 대해 사람들이 오인하거나 오해하지 않도록 하게 함이다.(상표와 기업명칭은 별도의 개념이다.) 그리고 '소작(雀巢, Nescafe)'은 중국국가상표국(中國國家商標局)에서 규정하고 있는 '유명 브랜드'로 승인된 상표이기 때문에 유명 브랜드의 등록권을 보호하기 위해 동종류의 상품 또는 동일 서비스업종에서 이와 같거나 유사한 상표는 당연히 사용할 수 없을 뿐만 아니라, 모든 상표나 서비스 및 각종 기업의 명칭에서도 유명 브랜드와 동일 또는 유사상표를 사용할 수 없다. 때문에 왕 선생이 설립하고자 하는 회사는 의류 계통이어서 '소작(雀巢, Nescafe)'과 같은 업종은 아니지만 자신의 회사 명칭에 이들 글자를 넣을 수 없다.

모든 기업의 명칭에는 국가와 사회의 공공이익을 해치는 글자는 당연히 넣을 수 없으며, 사기성(詐欺性)이 있거나 혹은 오해를 불러일으킬 수 있는 내용이나 문자는 넣을 수 없다. 또한 정당(政黨)의 명칭 · 정부기관 · 군대의 명칭 · 대중조직 · 사회단체의 명칭 · 부대번호 등도 사용할 수 없다.

기업 명칭에 관한 규정을 알고 난 후, 왕 선생은 회사 명칭을 등록할 때 어떤 것을 주의해야 하는지 알게 되었다. 동시에 자기가 제출한 기업 명칭에 대한 예비허가가 떨어진 후 이 명칭의 유효기간은 6개월이기 때문에 이 기간 내에 회사의 등록절차를 마치면 된다는 것도 알게 되었다.

공상국(工商局)의 담당자는 왕 선생에게 "만약 자기 회사의 명칭이 다른 사람과 중복이 되거나 혹 허가가 나오지 않을까 걱정이 된다면, 먼저 인터넷에 접속해서 자기가 등록하고자 하는 명칭이 다른 사람과 중복이 되는 지 알아보고 난 후에 공상국(工商局)에 등록하면 된다."고 알려주었다. 현재 여러 성(省)과 시(市)의 공상행정관리국(工商行政管理局)의 웹사이트에서는 모두 이런 서비스를 제공해 주고 있다.

二. 기업등록의 진행 절차

기업등록은 규정된 절차와 조건에 따라 진행해야 한다. 중국에는 현재 각종 형태의 기업들이 있으며, 각 기업들의 등록 절차 또한 다르다. 게다가 중국은 지역이 넓고 행정구역이 많아서 기업등록에 관한 관리 기구도 여러 층으로 나뉘어져 있다. 그래서 기업에 따라 그 관리기구도 다르다. 중국기업의 제도를 이해하고자 하는 사람이나 중국에서 회사를 설립하고자 하는 사람은 반드시 이러한 점에 대한 사전 이해가 있어야 함은 물론이다.

(一) 기업등록은 정부의 어떤 기관에서 관리하는가?

중국의 공상행정관리국(工商行政管理局)은 매우 중요한 행정 관리 부서이다. 이 부서의 업무 범위는 매우 넓어서 기업의 등록, 시장행위와 경영행위의 규범 및 이에 대한 감독, 상표의 사용관리, 광고에 대한 감독 및 관리, 소비자

보호 등 기업과 시장 관리의 각 영역에 걸쳐 있다.

중앙정부에는 국가공상행정관리총국(國家工商行政管理總局)이 있는데, 그 예하에는 각 성(省)과 자치구 및 직할시 공상행정관리국이 있으며, 성(省)급 아래에는 시(市)급, 구(區)급의 공상행정관리국이 있다.

국가공상행정관리총국이 설립 및 등록을 관장하는 회사들은 다음과 같다:

(1) '국무원 국유자산 감독관리 위원회(國務院國有資產監督管理委員會)'가 국가를 대신해서 출자하여 설립하는 회사
(2) 위의 (1)회사가 투자 설립하면서 아울러 50% 이상의 지분을 갖는 회사
(3) 외국인 투자 회사
(4) 법률 또는 국가공상행정관리총국 규정에 의해 공상관리총국에서 책임지고 등록해야 한다고 규정하는 회사

성(省)급(자치구와 직할시 포함) 공상행정관리국에서 등록을 관장하는 회사들은 다음과 같다.

(1) 성(省)급 '인민정부 국유자산 감독관리 위원회(人民政府國有資產監督管理委員會)'가 국가를 대신해서 출자하여 설립한 회사
(2) 위의 (1)회사가 투자 설립하면서 아울러 50% 이상의 지분을 갖는 회사

(3) 성(省)급 공상행정관리국의 규정에 의해 이 기관이 책임지고 등록해야 한다고 규정하는 회사
(4) 국가공상행정관리총국이 성(省)급 공상행정관리국에 등록에 관한 권한을 부여한 회사

성(省)급 예하의 공상행정관리국으로는 시(市)공상국, 구(區)공상분국(工商分局), 현(縣)공상국, 직할시 소속의 공상분국(工商分局) 등이며, 이들 공상행정관리국들은 관할지역 내에 있지만 국가공상행정관리총국과 성(省)급 공상행정관리국이 관장하지 않는 회사 및 상위급 공상국이 회사등록에 관한 권한을 위임한 기업들의 등록을 관장한다. 하지만 주식회사들은 공개적으로 주식을 발행하는 문제가 있기 때문에 그 등록은 해당 회사 소재지의 시(市)급 이상의 공상행정관리국에서 관장한다.

(二) 기업 등록 시 준비해야 할 문서

기업을 등록하기 위해 준비해야 할 문서는 상당히 많다. 각종 기업들의 등록 시 필요한 서류들은 회사 유형에 따라 각각 다르다.

기업등록 시 필요한 문서 일람표

문서종류	독자기업	합작기업	유한회사	주식회사	중외합자경영기업	중외합작경영기업	외자기업
설립신청서	*	*	*	*	*	*	*
투자자 신분증명서	*	*	*	*	합작자들의 영업증 또는 합작자들의 신분·이력과 자산에 관한 사항	합작자들의 영업증 또는 합작자들의 신분·이력과 자산에 관한 상황	
생산·경영 장소 사용 증명	*						
위탁수속 시 투자자의 위임장과 대리인의 합법적인 증명서	*						
동업협의서		*					
동업자 신분증명서		*					
회사 법정대표가 사인한 설립등기 신청서			*	*	*	*	*
주주 전체가 지정한 대표 또는 공동으로 위임함 대리인의 증명			*		*	*	*
장정(章程)			*	*	*	*	*
합법적으로 설립한 자산 검사기관이 발급한 자산 검증 증명서			*	*			
비화폐재산의 재산권 이전 수속에 관한 증명서			*	*			
이사장·감사·사장의 성명과 주소가 명시된 문서 및 이들에 관한 위탁·선거 또는 초			*	*	*	*	*

빙 증명							
회사 법정대표의 임명 및 재직 문서, 신분증명서			*	*	*	*	*
기업명칭 사용허가 통지서			*	*	*	*	*
회사 주소 증명			*	*	*	*	*
이사회가 지정한 대표 또는 공동위임 대리인의 증명				*			
국무원 증권 감독 관리기관의 허가 문서				공모 설립되는 주식회사는 제출하여야 함.			
사업 실현성에 관한 보고서					*	*	*
투자자들의 수권(授權) 대표가 체결한 합작기업 협의서 및 계약서					*		
투자자들이 파견한 합작기업의 이사장 · 부이사장 · 이사들의 명단					*	*	
합작기업설립 건의서 및 주관부서의 심사 동의서						*	
주관부서의 심사 동의서					*	*	*
합작투자자들의 법정대표인 또는 위임을 받은 대표가 사인한 합작기업 협의서와 계약서						*	
법정 대표인(또는 이사회 인선) 명단							*
외자기업설립 예정지의 현(縣)급 또는 현급 이상의 지방정부의 서면 답변서							*
수입(輸入)을 필요로 하는 물자의 명세서							*

(三) 기업을 등록할 때 어떠한 절차를 거쳐야 하는가?

특별히 별도의 허가를 받아야 하는 상황 이외에 기업등록의 절차는 먼저 관련 공상행정관리국(工商行政管理局)에 가서 회사 명칭에 대한 사전 승인을 신청해서 '명칭에 관한 사전 허가 통지서'를 받은 후, 관련된 서류들을 공상국에 제출해서 조건에 부합이 되면 규정된 기간 내에 영업허가증을 받게 된다.

중국인들은 음력설, 즉 춘절(春節)을 지내는 풍속이 있다. 이 기간 동안에 사람들은 불꽃놀이와 폭죽을 터뜨리며 명절 분위기를 한껏 돋운다. 하지만 안전 조치가 미흡하여 춘절 때마다 폭죽으로 인한 대량의 사고, 특히 화재가 많이 발생한다. 때문에 몇 년 전 중국의 많은 대도시에서는 폭죽과 불꽃놀이를 제한하는 규정을 발표하였다. 예를 들면 북경시 경우에는 오환(五環) 도로 이내 지역에서는 폭죽놀이를 할 수 없도록 하였다. 하지만 오랜 세월을 이어온 전통 관습은 한 순간에 쉽게 버리지 못하는 법이다. 사람들은 항상 예전 설날의 그 시끌벅적하였던 분위기가 그리웠으며, 폭죽놀이의 굉음이 없으면 마치 뭔가 허전한 느낌이 들었다. 그래서 많은 사람들이 폭죽놀이 금지 규정을 폐지시킬 것을 건의하여 열띤 토론 끝에 많은 지역에서 이전의 설날 풍습을 회복시켜서 다시금 폭죽놀이를 할 수 있게 되었다. 북경시도 폭죽놀이를 허용한다는 새로운 규정을 2006년도 춘절 전에 발표하였다. 하지만 동시에 '국가 안전생산감독관리국(國家安全生産監督管理局)'도 위험한 화학 물질과 불꽃놀이용 기구와 폭죽 생산에 대한 관리를 강화시켰다. 목적은 물론 화학제품인 불꽃과 폭죽 사고를 예방하기 위해서이다. 예를 들어 상기 제품을 생산하는 기업들은 필히 안전생산 허가증을 획득하여야 한다. 만약 2006년 3월 31일 이전에 안전생산 허가증을 받을 수 있는 조건이 구비되지 못하면 그 공장은 문을 닫아야 한다.

폭죽 생산 기업에 대해 이와 같은 행정허가가 필요할 뿐만 아니라, 다른 기업들도 관련 행정관리 부서의 허가가 있어야 생산이나 경영을 할 자격을 갖추게 되는 경우가 있다. 예를 들어, 위에서 언급하였듯이 식품을 생산하거나 경영하려면 식품위생 부문의 식품위생 허가를, 병원이나 진료소를 운영하려면 의료위생 관리 부문의 허가를, 화학품 등 위험 물질을 생산하려면 화공(化工) 부문의 허가를, 전신(電信) 업무는 전신 관리 부문의 허가를 받아야 한다.

행정관리 부문의 행정허가 이외에도 어떤 상황에서는 기업들이 회사를 등록하기 전에 별도의 허가를 받아야 하는 사항도 있다. 예를 들어,

1. 만약 공모를 통해 주식회사를 설립하려면 국무원 증권감독 관리 기구에 신청해서 허가를 받아야 한다. 공모설립은 주식회사 설립의 한 방식인데, 이런 방식은 발기인(發起人)이 회사 전체의 주식을 사들이는 것이 아

니라서 발기인이 회사가 발행해야 할 주식 총수의 35% 이상의 주식을 가지고, 나머지는 사회에 공개적으로 공모하거나 혹은 특정대상을 통해 모집을 하게 된다. 사회에 공개적으로 주식을 공매할 때에는 이에 관한 설명을 공고하고 주식 인정서를 만들어야 한다. 이러한 설립방식은 발기인 이외의 특정인 또는 사회 대중에 대하여 공개적으로 주식을 발행하는 것이기 때문에 국무원 산하의 증권 감독 관리 기구의 비준을 받아야 설립이 가능한 것이다.

2. 외국과의 합작 투자 경영기업(중국어로 中外合資經營企業)이나 외국과의 합작 경영 기업(중국어로 中外合作經營企業)은 먼저 외국과의 합작에 대해 정부 기관의 허가를 받아야 한다. 그리고 난 후에 등록을 신청할 수 있는데, 구체적인 요건은 다음과 같다.
   (1) 기업을 설립하기 이전에 중국대외무역경제합작관리(中國對外貿易經濟合作管理) 부서 또는 상무국(商務局)에 허가를 신청해야 한다.
   (2) 아래의 조건에서는 중앙정부가 아닌 국무원으로부터 권한을 위임받은 성(省) · 자치구(自治區) · 직할시(直轄市)정부로부터 허가를 받을 수 있다.
      - 투자 규모가 국무원 규정에 의해 지방정부가 투자를 심사하는 투자 한도액 이내의 금액인 경우

- 중국측 합작자의 자금 출처가 이미 구체적으로 들어나 있는 경우
- 국가가 원자재를 별도로 추가로 공급할 필요가 없는 경우
- 국가가 추가로 건설과 생산 등 별도의 조치를 하지 않아도 되는 경우
- 연료 · 동력 · 교통운수 · 수출 쿼터 등에 있어서 지역 균형에 영향을 주지 않는 경우 등이다.

(3) 허가를 신청할 때, 중국측 투자자 또는 동업자는 심사기관에 이에 상응하는 서류를 다음과 같이 제출해야 한다.

- 합자기업 또는 합작기업의 항목에 대한 건의서
- 각 측이 공동으로 만든 사업 실현성에 관한 연구 보고서
- 합자기업(合資企業) 또는 합작기업(合作企業)의 협의서 · 계약서 · 장정(章程)
- 합자 또는 합작 측의 영업허가증 또는 등록 증명서, 자산에 관한 증명서와 법정대표에 관한 유효한 증명서류
- 만약 외국측 투자자가 개인이라면 그 사람의 신분증, 이력서와 자산에 관한 유효한 증명서
- 합자 또는 합작 측이 협의해서 확정된 이사장 · 부이사장 · 이사들의 명단 등이다.

3. 외자기업(外資企業)을 설립할 때에는 정부의 해당부처로부터 비준을 받은 후 등록을 할 수 있다. 그 구체적인 요건은 다음과 같다.

(1) 외자기업(外資企業)은 우선 외자기업 설립 소재지의 현(縣)급 또는 현(縣)급 이상의 지방정부에 보고서를 제출해야 하는데, 이 보고서에는 다음과 같은 내용이 포함된다.

- 외자기업(外資企業) 설립 취지
- 경영범위 · 경영규모 · 생산제품
- 사용될 기술과 설비
- 생산품의 중국과 해외시장에서의 판매 비율
- 용지면적과 요구사항
- 물 · 전기 · 석탄 · 가스 또는 기타 에너지 사용 조건과 수량
- 공공시설에 대한 요구 등등이다.

현급 또는 현급 이상의 지방정부는 외국 투자자가 제출한 보고서를 접수한 지 30일 이내에 서면형식으로 이에 대한 회답을 해야 한다.

(2) 상술한 지방정부의 서면 답변 이후 외자기업의 투자자는 필히 중국대외무역경제합작부(中國對外貿易經濟合作部)에 설립 허가를 신청해야 한다.

(3) 다음과 같은 상황에서는 중앙정부가 아닌 국무원(國務院)으로부터 권한을 부여받은 성(省) · 자치구

(自治區) · 직할시(直轄市)로부터 직접 허가를 받을 수 있다.

- 투자 규모가 국무원 규정에 의해 지방정부가 투자를 심사하는 투자 한도액 이내의 금액인 경우
- 국가가 원자재를 별도로 추가로 공급할 필요가 없는 경우
- 연료 · 동력 · 교통운수 · 수출 쿼터 등에 있어서 지역 균형에 영향을 주지 않는 경우 등이다.

(4) 허가를 신청할 때 심사기관에 다음과 같은 서류를 제출해야 한다.

- 외자기업(外資企業) 설립 신청서
- 사업 실현성에 관한 연구보고서
- 외자기업의 장정(章程)
- 법정대표(혹은 이사회 인선 명단)
- 외국투자자의 법률증명서와 자산 관련 증명서
- 외자기업 설립 예정지의 현(縣)급 혹은 현급 이상 지방정부의 서면 회답서
- 수입을 필요로 하는 물자 명세서
- 만약 둘 이상의 외국투자자가 공동으로 외자기업 설립 신청을 하면 그들이 체결한 투자계약서 사본을 제출해서 심사기관에 등록해야 한다.

(5) 외자기업의 제품이 수출 허가 · 수출 쿼터 · 수입 허가증 또는 국가에서 수입을 제한하는 품목과 연관이

있을 경우 사전에 대외경제무역을 주관하는 부서의 동의를 받아야 한다.

성(省)·시(市)급 지방정부에는 모두 대외경제무역관리 부서가 설치되어 있어서 중국과 외국기업과의 합자 경영 기업(中外合資經營企業), 중국과 외국과의 합작 경영기업(中外合作經營企業), 외자기업(外資企業) 등에 대한 심사를 실시한다. 투자자가 규정에 의거해서 서류를 완비해서 신청을 제출하면, 심사기관은 중외합자경영기업(中外合資經營企業)에 대해서는 3개월 이내에, 중외합작경영기업(中外合作經營企業)은 45일 이내에, 외자기업(外資企業)에 대해서는 90일 이내에 허가를 할 것인지 아닌지를 결정해야 한다. 허가가 난 후에는 허가 증명서를 발급해야 한다. 투자자들은 심사기관의 허가 증명서를 받은 후 1개월 이내에 공상국(工商局)에 가서 회사 등록을 신청해야 한다.

모든 허가 관련 문서를 받은 후 공상행정관리국(工商行政管理局)에 가서 기업의 등록을 신청할 수 있는데, 공상국은 서류를 심사한 후 영업허가증을 발급한다. 기업은 영업허가증 또는 기업의 법인영업 허가증에 의거해서 인장을 새긴 후 은행에 가서 기업의 계좌를 개설한다. 후에 세무기관에 가서 납세등기를 신청한 후 납세 등기증을 받는다. 이렇게 함으로써 기업 창업하기 전의 모든 수속이 완성되는 것이다.

第三章 직원 모집과 채용

一. 직원 모집의 방식

한국의 김 선생은 작년에 수년간 근무하던 회사를 그만두었다. 그는 중국에 대해 오래 전부터 관심이 있었고 퇴직 후 여유시간도 있어서 수중의 돈으로 중국에 투자해서 회사를 설립하고자 했다. 자신의 노후에 무엇인가 할 일이 생기고, 또 한편으로 이 기회를 이용해서 중국의 환경과 문화를 충분히 이해할 수 있다고 생각했기 때문이다. 그래서 김 선생은 중국에 와서 북경시에 한국 문화용품을 주로 취급하는 외자기업(外資企業) 설립을 신청하였다.

그는 중국 법률 규정의 절차에 따라 영업허가증을 받은 후 한 가지 문제에 봉착하였다. 우선 그는 중국에서는 회사 직원을 어떻게 모집하고 뽑는지에 대해 잘 몰랐고, 직원 채용문제에 대해 중국법률에 어떠한 제한이나 조건 또는 규정이 있는지에 대해서도 잘 몰랐다. 중국에서 직원을 채용하는 것 이외에도 그는 한국에서 고용 사장을 데려와서 회사의 일상적인 경영과 관리를 맡기고자 하였다. 그는 이에 대해서도 어떠한 수속을 밟아야하는 지 몰랐다. 그래서 그는 북경시 '노동과 사회보장국(勞動和社會保障局)'에 가서 문의를 하였다. 그곳의 공무원이 그에게 직원모집에 관한 사항을 알려주었다. 설명을 들은 후 김 선생은 직원을 채용할 때 아래와 같은 규정이 있으며, 또한 어떠한 방법으로 모집할 수 있다는 것을 알았다.

(一) 고용 나이에 대한 규정

중국 민법(民法)에서는 만 18세가 된 사람을 완전한 행동능력이 있는 사람으로 간주하고, 만 16세부터 18세 미만의 사람 중 자신의 노동수입으로 생활을 꾸려나갈 수 있으면 완전한 행동능력이 있는 사람으로 간주한다. 때문에 모든 기업들은 중국 국적의 직원을 채용할 때 필히 만 16세 이상이어야 한다. 특수한 직종, 예를 들면 문예나 체육과 관련된 직종에서 만 16세가 채 안 된 직원을 고용할 때에는 규정에 따라 허가 절차를 밟아야 한다. 만 16세부터 18세 미만의 청소년이 취업한 경우 이들을 미성년공(未成年工)이라 부른다. 그들에게는 신체의 성장발육 정도에 적합한 노동만을 시키도록 되어있다. 이들에 대한 노동 보호 규정도 별도로 정하고 있다. 외국인이 중국기업에 취업할 때는 중국인과 달리 만 18세 이상이어야 한다.

(二) 외국인 고용에 관한 규정

관련 규정에 의하면 기업이 외국인을 채용할 때에는 인력시장과 업계 내에서 해당 직무에 적합한 인력이 없을 때 한한다. 이런 계통의 직무는 국내에서 사람이 부족한 고급 기술 또는 관리직 등이다. 외국인이 중국기업에 취업할 때

에는 다음과 같은 조건에 부합되어야 한다:

1. 만 18세가 넘고 신체가 건강해야 한다. 외국인이 취업증(就業證)을 신청할 때 본국 의료기관에서 최근에 발급한 건강진단서를 제출해야 한다. 이 증명서는 중국 출입국 검역국의 확인을 거쳐야 한다. 또는 중국 출입국 검역국이 직접 이 외국인의 건강증명서를 발급할 수도 있다.
2. 해당 업무에서 필요로 하는 전문적 기능과 그에 상응하는 업무경력이 있어야 한다. 《외국인 취업신청서》에 학력수준·채용 직책·중국에 오기 전 종사하였던 직업 등에 관한 사항을 사실대로 기재한다. 동시에 취업을 신청하는 외국인은 중국어 이력서와 직무에 관련된 자격증명, 예를 들면 학력증명서 또는 전공증명서 등의 복사본을 제출해야 한다. 아울러 대학 4년제 학력과 2년 이상의 관련 업무 경력이 있어야 한다.
3. 합법적인 신분임을 증명할 수 있는 유효 기간의 여권 또는 여권을 대신할 수 있는 국제여행 증명서가 있어야 한다.
4. 범죄 기록이 없어야 한다. 그렇지 않으면 중국에서 취업을 할 수가 없다.
5. 확정된 채용 회사가 있어야 하며, 이 회사는 외국인 채용신청 요건에 부합된 회사이어야 하며, 완비된 문서를 제출하여야 한다. 김 선생이 초빙하려고 하는 한국인

사장은 중국에서 취업신청을 할 때 노동관리 부서에 김 선생 회사의 법인 영업허가증 원본과 사본, 회사의 장정(章程)을 제출하여야 하며, 외국인 투자기업이기 때문에 기업 설립 허가증의 사본, 합자경영 계약서 또는 합작경영 계약서의 사본도 제출해야 한다. 이 이외에도 외국인을 채용하려고 하는 이유에 대한 보고서를 제출하여야 하며, 이 한국인이 사장을 맡게 되는 이유와 그가 담당하게 될 구체적인 직무에 대한 설명이 있어야 한다. 만약 채용하는 외국인이 부사장 이상의 직무를 맡을 경우 기업은 이사회 결정에 관한 내용도 제출해야 한다.

(三) 직원모집 경로

김 선생은 자신의 회사가 여러 경로를 통해 북경에서 다음과 같은 방법으로 사람을 고용할 수 있다는 것을 알았다.

1. 직업소개소를 통해 모집할 수 있다.

중국 각지의 '노동과 사회보장' 관련 부서에는 공익 성격의 직업소개소가 설치되어 있으며, 이 이외에도 개인 혹은 민간 기구들이 운영하는 직업소개소도 있다. 이 중에는 공익적인 것도 있고 영리를 위한 것도 있다. 만약에 기업이 직업소개소를 통해 직원을 모집하려면 직업소개소에 자신의 채용 관련 자료를 제공하고 필요로 하는 직원 모집을 위탁할 수 있다. 직업소개소는 직원

모집을 하는 기업에 취업자에 관한 각종 정보를 제공하고, 이들에 대한 능력이나 근무경력 등에 대한 평가를 조언해 준다.

2. 취업박람회에 참가해서 직원을 모집할 수 있다.
기업이나 직업소개소는 노동관리 부서의 허가를 받은 후 취업박람회와 같은 직원채용 박람회를 개최할 수 있다. 이들 박람회는 비교적 고정적인 장소에서 거행되기 때문에 직원을 뽑고자 하는 기업은 이곳에서 사람들을 채용할 수 있다.

3. 언론매체를 통해 직원 채용 광고를 낼 수 있다.
기업은 신문이나 잡지 등에 직위 · 자격 · 인원수 등 직원 채용에 관한 광고를 실을 수 있다.

4. 인터넷을 통해 채용공고를 내거나 구직에 관한 자료를 얻는 등 비교적 편리한 방법도 있다. 인터넷에는 취업 및 채용에 관련된 사이트가 상당히 많다. 예를 들어 야후(www. yahoo.com.cn), 搜狐(www.sohu.com) 등의 사이트에 취업에 관한 정보들이 있으며, 이 이외에도 전문적인 채용 인터넷사이트로 中華英才網(http://www.chinahr.com), 528채용사이트(http://www.528.com.cn), 伯樂招聘網(http://www.bolehr.com), 中國就業網(http://www.china91.com) 등이 있다.

二. 노동계약의 체결

김 선생은 필요한 직원을 모집한 후 중국노동법과 노동계약법의 관련 규정에 따라 이들 직원들과 서면상의 노동계약을 맺어야 한다. 만약 계약을 하지 않으면 다음과 같은 불이익을 받게 된다. 근무 시작한 날부터 1개월 이상 1년 이내에 계약을 맺지 않으면 근무자에게 매달 두 배의 월급을 지불해야 하며, 1년 이내에 계약을 하지 않았다는 것은 무기한(無期限)의 노동계약을 체결한 것으로 간주한다.

노동계약과 관련되는 사항은 상당히 많아서 김 선생은 자신이 각별히 주의해야 할 문제점에 대해 별도로 다음과 같이 기록해 두었다.

(一) 노동계약 조항

노동계약은 기업과 노동자가 평등한 입장에서 협의하여 합의해야 한다. 노동법과 노동계약법 규정에 의하면 노동계약은 필히 다음과 같은 내용의 조례를 담고 있어야 한다.

1. 노동계약의 기한

계약기한은 고정적인 기한과 고정적이지는 않지만 일정 업무가 완수되는 시점을 기한으로 하는 계약을 맺을 수 있다.

고정기한(固定期限)의 계약은 쌍방이 그 기간에 대해 상의할 수 있다. 어떤 기업들은 모든 근무자와 일률적으로 1년 또는 2년 기한으로 계약을 맺으며, 기한이 되면 계속해서 근무할 것인가에 대해 다시 계약을 맺는다. 만약 고정기한이 명시되지 않으면 어느 한 쪽에서 계약조건에 따라 수시로 계약을 해제할 것을 요구할 수 있으며, 만약 상대방이 규정에 의거하지 않고 계약을 일방적으로 해제하려고 하면 이에 대해 거절할 수도 있다.

노동자 자신이 일정 기한이 설정되어 있는 계약을 요구하지 않는 한 다음과 같은 두 가지 경우에 필히 무기한의 노동계약을 체결해야 한다.

(1) 이미 10년 연속 근무한 경우.

(2) 연속해서 두 차례 고정기한의 계약을 체결하였고, 아울러 노동자가 법규나 회사 기율을 어기지 않았을 경우.

만약 규정에 의거하지 않고 임의로 무기한 노동계약을 체결하면, 회사는 계약을 체결한 날부터 근무자에게 매달 두 배의 월급을 지불해야 한다.

일정 업무가 완성되는 시점을 기한으로 하는 경우는 종종 일회성 업무에 적용된다. 예를 들어 회사가 인터넷사이트를 구축한다든지, 회사를 위해 특정 디자인을 설계해 준다든지 하는 경우이다.

2. 업무내용

노동계약에는 노동자의 직무, 업무 범위와 직책에 대해 명확히 명기해야 한다. 이는 노동자 측의 계약 의무의 중요한 근거가 된다.

3. 노동보호와 노동조건

이는 기업에 대한 요구이며, 기업이 노동자에게 어떠한 근무조건을 제공하며 안전에 대해 어떻게 보장해 줄 것인가에 대한 명시를 해야 한다. 특히 대형기계를 사용하는 업무나 고공에서 작업을 하는 위험성이 높은 업무에 대해서이다. 기업은 필요한 안전 보호 조치를 취해서 노동자의 건강과 안전을 보장해 주어야 한다.

4. 노동보수(勞動報酬)

계약 안에는 기업가가 노동자에게 매월 또는 매년 얼마의 임금을 지급하느냐에 대해 규정하고 있어야 한다. 만약 확정된 기타 보수(報酬) 조건이 있으면 그 내용도 명시해야 한다. 예를 들면 업무 성과가 일정 정도에 도달하였을 때에는 추가적으로 어떠한 보너스가 지급된다든지 하는 내용 등이다.

5. 노동기율

모든 기업은 자체적인 규정이 있다. 노동자들에게 기업의 각종 규정을 준수할 것을 요구할 뿐만 아니라 계약서 안에 규정에 관한 구체적인 요구를 명시할 수 있다. 예를 들어 재무담당 직원에게 재무관리의 기율에 대해 규정할 수 있으며, 판매직원에게는 판매과정 중의 기율에 대해 요구할 수 있는 것 등이다.

6. 노동계약 종결의 조건

계약 기간이 만료되었을 경우를 제외하고 어떠한 조건에서 계약을 중지시킬 수 있는가하는 것은 계약 체결 당사자들이 신경써야 할 문제이다. 기업과 노동자는 이 조항을 중시해야 한다. 어떠한 상황에서 계약을 해제 내지 중지시킬 수 있는가 하는 문제와 관련되기 때문이다. 예를 들어 계약 의무를 어겼을 경우, 또는 기업 경영이 어려울 때 등의 상황이다. 또한 계약이 만료되기 전에 여하히 업무를 이관하거나 임금은 어떻게 할 것이냐 등에 관한 사항을 명시해야 한다.

7. 계약 책임을 위반하였을 경우

기업 또는 직원이 계약을 위반하였을 경우 어떠한 책임을 져야 하는가에 대해 규정해야 한다. 위약금 또는 배상금 등으로 규정할 수도 있다.

위에 제시한 여러 조항 이외에도 기업과 노동자는 구체적인 상황에 따라 협상을 거쳐 노동계약 안에 기타 필요한 조항을 넣을 수 있다. 만약 김 선생이 채용 직원에 대해 일정기간 그의 업무 능력을 관찰한 후 다시 최종적으로 채용을 결정하고자 할 경우 채용당사자와 협의를 거쳐 계약 안에 실습기간을 명시할 수 있다. 만약 김 선생이 회사 비밀에 대해 신경이 쓰인다면 직원은 기업 경영과 기술에 관한 비밀을 보호해야 한다는 조항을 삽입할 수 있다.

(二) 노동계약의 해제

노동계약에 대해서 '노동과 사회보장국(勞動和社會保障局)' 공무원은 김 선생에게 "모종의 상황에서는 계약이 해제된 후에도 기업은 아마도 노동자에게 일정 비용을 지불해야 할 것이다."라는 점을 특별히 환기시켰다. 노동계약 해제와 관련된 각종 문제에 대해 확실히 이해해야 할 필요가 있다고 느낀 김 선생은 관련 사항에 대해 다음과 같이 자세히 알아보았다.

노동계약 기한이 끝나기 전, 계약에서 규정하고 있는 조건과 법률 규정에 대해 모종의 상황이 발생하거나 또는 어느 한쪽의 원인으로 인해 계약을 해제시킬 수 있다. 하지만 노동자가 계약을 해제하는 경우와 기업이 계약을 해제하는 경우, 그 원인과 결과는 완전히 같을 수는 없을 것이다.

1. 노동자 측이 계약을 해제하는 경우

첫 번째 경우, 사전에 기업에 노동계약을 해제한다고 통지한다. 이는 법률이 노동자가 노동관계 중 처해 있는 약자 지위를 보호하기 위해 노동자에게 권리를 부여한 것이다. 이러한 규정을 이용하여 노동자가 직업 선택의 자주권을 가질 수 있도록 규정하고 있는 것이다. 노동자가 어떤 기업에서 근무를 하다가 주관 또는 객관적 원인으로 그 기업에서 계속 일을 하고 싶지 않을 경우 서면으로 기업에 계약해제를 통지할 수 있다. 하지만 30일 이전에 기업에 통지해야 한다. 만약 노동자의 계약 해제 요구가 계약 또는 법률 규정에 위배되었을 경우 기업에 끼친 손실 부분은 기업에 배상책임을 져야 한다.

두 번째 경우로, 수시로 기업에 노동계약 해제를 통지하는 경우이다. 다음과 같은 상황에서는 노동자가 30일 이전이 아니더라도 어느 때건 기업에 계약 해제를 통보할 수 있다.

(1) 실습기간 중 기업에 대해 불만이 있을 경우.

(2) 기업이 폭력과 위협 또는 불법적으로 인신의 자유를 제한하는 수단으로 노동을 강요하였을 경우.

(3) 기업이 노동계약의 약정에 의거해서 노동자에게 보수를 지급하지 않거나, 약정에 따라 시설이나 안전 보장 등 노동조건을 제공하지 않았을 경우이다.

2. 기업 측이 노동계약을 해제하는 경우

노동법에서는 이에 대해 다음과 같이 세 가지 경우에 대해 규정하고 있다.

첫 번째, 노동자 측의 원인으로 기업이 계약을 해제하는 경우인데, 다음과 같은 경우를 포함한다.

(1) 실습기간 동안 노동자가 기업에서 필요로 하는 조건에 부합되지 못하는 경우.

(2) 노동자가 기업의 노동기율 또는 규정을 심각히 위반하였을 경우.

(3) 노동자가 작업 중 심각한 직무상 과실이나 부정행위로 인해 기업에 중대한 손실을 끼친 경우.

(4) 노동자가 법에 의거 형사책임을 져야 할 경우이다. 이러한 상황은 노동자의 원인 또는 과실로 인해 기업이 계약을 해제하게 된다. 그래서 노동자에게 어떠한 경제적 배상을 할 필요가 없다.

두 번째로, 노동자의 과실이 아니라 기업의 필요 또는 노동자의 모종의 객관적인 원인으로 사전에 계약을 해제하는 경우이다. 이러한 경우로는 다음과 같은 것이 있다.

(1) 노동자가 질병을 앓거나 혹은 업무로 인한 부상이 아닌 경우, 치료기간이 끝난 후 건강상태가 원래 작업에 다시 종사할 수 없거나, 또는 기업이 안배한 다른 업무를 수행할 수 없을 경우.

(2) 노동자가 현재의 작업을 수행할 능력이 부족해서 기업이 재훈련을 시켰거나 부서를 재배치했음에도 여전히 업무수행 능력이 부족한 경우.

(3) 노동계약이 체결될 때 근거한 객관적 상황에 중대변화가 발생해서 원래의 계약을 지속적으로 이행할 수 없음에도 쌍방이 계약 변경에 대한 합의를 하지 못한 경우이다. 여기서 말하는 중대변화는 예를 들면, 업무 범위가 축소되어서 처음 정해졌던 직책이 더

이상 필요하지 않거나 또는 기업이 경영권을 넘겨서 특정 유형의 생산노동자 또는 기술인원이 더 이상 필요하지 않게 될 경우 등이다.

세 번째로, 감원으로 인해 기업과 감원 대상자가 노동계약을 해제하는 경우이다. 기업의 생산이나 경영 상태에 심각한 상황이 발생하였거나 또는 기업이 파산하여 법정관리에 들어가게 되어 기업이 필히 감원을 해야 할 경우, 법률 규정에 따라 노동자와 계약을 해제할 수 있다. 이런 상황 하에서 계약을 해제할 때에는 다음과 같이 법률 규정에 따른 절차를 밟아야 한다.

(1) 기업은 30일 이전에 기업의 전체 직원 또는 노동조합에 상황을 설명하고 아울러 기업생산·경영이나 재무에 관련된 자료를 제공하고, 감원의 원인과 기업의 현황에 대해 설명하여야 한다.

(2) 기업은 감원에 대한 방안을 제출해야 한다. 그 방안의 내용에는 감원 대상의 명단, 감원 시기와 실시 절차, 감원 인원에 대한 경제적 보상 방법 등을 포함한다. 감원 인원은 전체 근무자 또는 노동조합의 의견을 구해야 하며, 의견에 따라 수정과 보완을 한다.

(3) 기업은 현지 노동행정관리 부서(노동국 또는 노동사회보장국)에 감원 인원에 관한 방안과 기업의 노동조합의 의견을 보고하고, 아울러 노동행정 부서의 의견을 구해야 한다.

(4) 기업은 정식으로 감원에 대한 방안을 공포하고, 감원대상자와 노동계약 해제의 수속을 밟으며, 감원대상자에게 경제적 보상을 실시한다.

위와 같이 계약 해제 관련 규정 이외에도 중국의 노동법은 노동자의 권익을 보호하기 위해 기업이 노동계약을 해제할 수 없는 상황에 대해서 별도로 규정하고 있음을 김선생은 알게 되었다. 예를 들어 노동자가 직업병을 앓고 있거나, 업무 중 부상으로 노동 능력 전체 또는 부분적으로 상실하였을 경우, 노동자가 병을 앓거나 부상당하여 규정된 치료기간 이내에 있을 경우, 여성 노동자가 임신 또는 아이를 낳는 기간과 수유기간 등이다.

이 이외에도 만약 다른 법률 규정이 있으면 마찬가지로 준수해야 한다. 노동자가 부상하여 치료받는 기간은 노동자가 전체 근무한 연한 및 해당 기업에서 실제 근무한 연한에 따라 3개월 내지 24개월로 정해진다.

(三) 노동계약 해제 후의 보상문제

노동계약 해제 후 기업이 노동자에게 경제적으로 보상하는 문제가 생길 수 있다. 이 문제에 관하여 법률은 다음과 같이 규정하고 있다.

1. 기업 측이 계약해제를 제기한 경우, 만약 노동자의 과실로 인한 계약해제가 아니라면 기업은 노동자에게 경제적인 보상을 해주어야 한다.

2. 계약기간이 만료가 된 경우, 노동자가 계속 연장을 원하지 않는 경우를 제외하고는 기업은 보상을 해주어야 한다. 쌍방 간의 협의를 거쳐 기업이 노동계약을 해제하거나 노동자가 업무를 수행할 능력이 되지 않아서 기업이 계약을 해제한 경우에도 기업은 보상을 해주어야 한다. 보상 기준은 노동자가 기업에서 근무한 연한에 따르는데, 1년 단위로 한 달 임금에 해당하는 보상금을 준다. 하지만 12개월 치는 넘지 않는다.
3. 노동자가 질병을 앓거나 또는 업무 이외의 일로 부상을 입어서 원래 업무나 재배치된 업무에 종사할 수 없어서 기업이 노동계약을 해제하는 경우, 기업은 노동자의 업무 연한에 따라 1년 경력이면 1개월 임금에 해당하는 보상금을 지급해 준다. 동시에 6개월 치 임금 이상에 해당하는 의료보조비를 지불해야 한다. 만약 중병이나 불치병에 걸렸을 경우에는 의료보조비 이외에 추가로 보조를 해 준다. 추가되는 부분은 중병에 걸렸을 경우 의료보조비의 50%를 초과하지 않는 범위에서, 난치병의 경우에는 의료보조비의 100%를 넘지 않는 범주에서 보조해 준다.
4. 노동계약이 체결될 때 의거한 객관상황에 중대한 변화가 발생해서 계약을 지속적으로 이행해 나갈 수 없는 상황이 되었거나, 기업이 파산 또는 경영의 심각한 어려움으로 필히 감원을 해야 될 상황에서 기업이 노동자

와 계약을 해제할 때에는 노동자가 회사에서 근무한 연한에 따라 만 1년 단위로 1개월 치 임금에 해당하는 경제적 보상을 해줘야 한다.

만약에 노동자의 임금이 기업소재지 지역의 평균 임금의 3배 이상이 되면, 지역 월평균 임금의 3배 액수만큼만 지급한다. 다시 말해 평균 임금의 4배 또는 10배라 할지라도 3배 액수만큼만 보상해 주는 것이다. 보상 연한은 12년을 초과하지 않는다.

三. 노동시간과 휴식

(一) 노동시간

1995년 5월 1일부터 중국 노동자의 노동시간은 하루 8시간, 매주 44시간 노동에서 매주 40시간으로 변경되었다. 하루 8시간 노동은 그대로다. 국가기관과 각 기업들은 통일적인 노동시간을 시행하여 토요일과 일요일은 쉬는 날이다. 하지만 기업의 생산 · 경영 또는 서비스의 내용이 다르기 때문에 어떤 기업들은 주말에 일을 해야 한다. 따라서 기업은 자신의 필요에 따라 융통성 있게 매주 쉬는 날을 조정할 수 있다.

중국에서 회사를 연 김 선생은 노동시간에 대한 규정을 이해한 후 "어떤 직원들의 업무 성격 또는 조건들은 하루 8시간 노동제를 준수하기 쉽지 않은데, 만약 노동시간 규정을 엄격히 지키지 않는다면 법률상 어떤 문제가 발생하지 않을까?"하는 의구심이 생겼다. 그래서 그는 노동사회보장국에 이에 대한 질의를 하였다. 이에 대해 "세 종류의 인원들은 노동시간제의 제한을 받지 않아도 된다."는 답변이 왔다.

첫째는, 기업의 고위 관리직, 외근(外勤) 인원, 영업판촉 인원, 교대 근무자 등 근무시간을 고정적으로 운영하기 힘든 인원들.

두 번째로 장거리 운수에 종사하는 인원, 택시운전사와 철도 · 항만 · 창고의 하역인원 등 업무성격이 특수하고 융통성 있는 업무시간을 필요로 하는 인원.

세 번째로 앞의 두 유형에 포함되어 있지는 않지만, 생산과 업무의 특수성 또는 직책 범위 등의 이유로 정시 노동제를 적용하기 힘든 인원들이다. 그리하여 김 선생은 회사 직원들의 업무시간을 어떻게 배치해야 하는가를 알게 되었다.

(二) 휴식시간

노동자들은 업무일과 업무일 사이의 정상적인 휴식 이외에 다음과 같은 네 종류의 휴일이 있다.

1. 공휴일

이는 노동자가 일주일 일한 후의 휴식시간이다. 현재 주5일근무제가 시행되고 있기 때문에 공휴일은 일주일에 이

틀이다. 기업은 시간외 근무를 시킬 수 있지만, 일주일에 최소한 하루는 쉬도록 보장해야 한다.

2. 법정공휴일

국가가 법으로 통일적으로 규정한 휴일로, 경축일이나 기념활동과 관련된 휴일이다. 국무원이 2007년 12월 14일 수정 공포한 《전국 명절 및 기념일 휴가 실시제(全國年節及紀念日放假辦法)》 규정에 의거, 법정공휴일을 다음과 같이 두 가지로 분류하였다.

첫 번째는 국민전체가 쉬는 명절이다. 예를 들어 양력설에는 하루 쉬고, 춘절(春節, 음력설)에는 3일, 5월 1일 노동절에는 하루, 10월 1일 국경절에는 3일, 청명절에는 하루, 단오절에는 하루, 중추절에는 하루를 쉰다.

두 번째는 국민의 일부분이 쉬는 날로, 3월 8일 부녀절(婦女節)에 여성들은 반나절을 쉬고, 5월4일 청년절(青年節)에는 만 14세 이상의 청소년들은 반나절을, 6월 1일 어린이날에는 만 14세 이하의 아이들이 하루를 쉰다. 8월 1일 중국인민해방군의 건군절(建軍節)에 현역 군인들은 반나절을 쉰다.

3. 연차 휴가

이는 노동자들이 일정 연한 근무한 이후 매년 누릴 수 있는 유급 휴가제이다. 국무원은 2007년 12월 14일 《근무자 유급 연휴가 조례(職工帶薪年休假條例)》를 공포하여 5년 이상 10년 근무한 노동자들은 1년에 5일을, 근무 연한

이 10년부터 20년 사이의 노동자는 10일을, 20년 이상 근무한 노동자는 15일 유급 휴가를 실시하도록 규정하고 있다. 만약 노동자가 연차 휴가를 사용하지 않고 근무하면 기업은 연차 휴가 기간 동안에 평상시 임금의 3배를 지급한다.

4. 귀성 휴가

부모와 떨어져 다른 곳에서 근무하는 근무자, 배우자와 떨어져 근무하는 노동자들은 부모 또는 배우자와 함께 모일 수 있는 휴가를 가질 수 있다. 구체적인 규정은 다음과 같다: 배우자와 합류하는 경우에는 매년 30일의 휴가를; 미혼 근무자가 부모를 찾아뵙는 경우에는 매년 20일의 휴가를; 이미 결혼한 사람이 부모를 찾아가는 경우에는 매 4년마다 20일의 귀향휴가를 가질 수 있다.

四. 기업이 부담해야하는 직원들의 사회보험

사회보험의 기본적인 목표는 노동자들이 각종 원인으로 위급한 상황이 발생하였을 경우 기본적인 생활을 보장하기 위함이다. ≪중화인민공화국노동법(中華人民共和國勞動法)≫에서는 기업은 필히 근무자들을 위해 사회보험금을 납부해야 한다고 규정하고 있다. 각 성(省)이나 시(市)에서도 각 지방법(地方法)에 따라 이와 관련하여 구체적인 사항에 대해 규정하고 있다. 북경시 정부도 《북경시 사회보험비 징수에 관한 규정(北京市社會保險費征繳若干規定)》 등 사회보험과 관련된 규정을 공포한 적이 있다.

중국인이 투자한 기업이건 외국인이 투자한 기업이건 규정에 따라 직원들을 위해 사회보험비를 납부하여야 한다. 법정(法定) 사회보험에는 양로(養老)보험 · 실업(失業)보험 · 의료보험 · 산재(産災)보험 · 출산(出産)보험 등이 포함되어 있으며, 노동법에 의거하여 기업의 정식직원이건 임시직이건 모두 법정 사회보험에 들어야 한다. 양로보험 · 실직보험과 의료보험의 비용은 국가재정 · 기업 · 노동자가 공동으로 납부하며, 산재보험과 출산보험은 기업이 직원들을 위해 납부해 주기 때문에 직원 자신이 부담할 필요는 없다. 사회보험비의 납부 기준에 대해서 각 성(省)과 시(市)에서는 각자의 규정을 통해 납부해야 할 비율과 액수를 규정하고 있다.

第四章 기업 설립 조건

현재, 갈수록 많은 중국인들이 수중에 돈이 많아지면서 자신의 기업을 설립해서 사업을 하고자 한다. 적지 않은 외국인과 외국회사들도 중국시장에 대해 관심을 갖고 중국에 투자하기를 바란다. 그래서 투자하기를 원하는 사람은 중국에서 기업을 설립할 때 어떤 조건이 필요한 지에 대해서 이해할 필요가 있다.

一. 중국에서 기업 설립에 필요한 자금

(一) 개체기업(個體企業)은 자금의 제한이 없다

개체기업은 회사가 아니다. 법률상 법인(法人)의 지위가 없다. 투자자는 자신의 전 재산을 가지고 채무에 대해 무한한 책임을 져야한다. 설사 기업이 도산하더라도 투자자는 여전히 채무를 갚아야 한다. 그래서 개체기업의 설립은 비교적 간단하다. 관련법 조항에서는 이러한 종류의 기업 설립에 대해 자금의 제한을 두지 않고 있다.

작년 북경의 모 대학을 졸업한 陳明(천밍)은 최근 신문을 통해 국가가 실직된 노동자들의 재취업 문제를 해결하고 대학생들의 창업을 고취시키기 위해 새로운 규정을 공포하였다는 뉴스를 보았다. 그 내용은 2006년부터 무릇 실직한 노동자와 졸업한 지 2년 이내의 4년제 대학 졸업생들이 개인 사업에 종사하면 설립 시 등록비 · 위생관리 · 세무등기(稅務登記) 등 3년간의 각종 행정비용을 감면해준다는 것이었다.

천밍은 자신에게 좋은 기회라는 생각이 들었다. 개인 사업을 창업하면 법률적으로도 투자금액의 제한이 없어서 최초 비용이 얼마 안 드는데, 자신에게는 마침 큰돈도 없어서 개인 사업을 하는 것이 괜찮은 출발이라 생각되었다.

그래서 그는 개인사업 영업허가를 신청해서 조그마한 선물점을 열었다. 그리고 장래에 돈을 벌면 자신의 회사를 창업하리라 마음먹었다.

(二) 유한책임회사의 투자금은 법률규정에 부합되어야 한다

중국의 회사법에는 유한책임회사와 주식회사를 설립하기 위한 최소한의 투자금에 대한 규정을 두고 있다. 이는 회사가 충분한 자금을 가지고 있어야 정상적인 경영과 업무를 통해 이익을 창출할 수 있기 때문이다. 또 한편으로는 회사의 채권자들을 보호하기 위함이다. 주주들은 단지 그들이 투자한 범위 내에서만 유한책임을 진다. 만약 회사에 충분한 자금이 없는 경우, 채무가 발생하면 부채를 상환해야 하는 문제가 발생하기 때문에 채권자들의 권익을 보호하기 위함이다. 이 이외에도 회사로 하여금 채무를 상환할 수 있는 기본적인 능력을 갖도록 하는 것이 사회 질서 안정을 유지시키기 위한 필수적인 조치이기 때문이다.

회사법 규정에 의하면 유한회사에는 두 가지가 있다. 하나는 개인(一人)회사이고, 또 다른 하나는 두 사람 이상이 설립한 유한회사이다. 이들 두 종류의 회사는 설립 시 투자금에 대한 규정이 다르다. 천밍에게는 張小冬(장쌰오동)이라는 같은 반 친구가 있다. 張(장)의 생각은 陳(천)과 달랐다. 張(장)은 회사법이 2005년 10월 수정된 후 지금은 개인회사를 설립할 수 있다는 것을 알았다. 그래서 그는 대학 때 아르바이트해서 번 돈에 부모가 주신 돈을 합친 만 원을 가지고 자신의 회사를 차리고 싶었다. 하지만 공상국(工商局)에 가서 구체적인 규정을 안 다음, 부모님에게 자기가 갖고 있는 만 원을 가지고 개인회사를 설립하기에는 부족하고, 대신에 친구하고 함께 공동 출자해서 회사를 설립하는 수밖에 없다고 말했다. 왜냐하면 회사법에는 다음과 같은 규정이 있기 때문이다.

두 사람 이상이 출자해서 설립하는 회사의 자본금은 최소한 3만 원 이상이지만, 회사를 설립할 때 실제 투자하는 돈은 20%면 된다. 이 경우 현금 이외에 부동산이나 물자로 해도 된다. 하지만 어떤 상황에서든 실제 투입되는 현금의 액수는 회사 설립 총자본의 30% 이상이어야 하며, 나머지는 2년 내에 납부하면 된다는 규정이 있다. 좀 더 구체적으로 이야기하면, 만약 자본금이 3만 원이면, 처음 설립 시 현금이든 부동산이든 20%인 6천 원에 해당하는 자본을 출자해야 한다. 이후 여러 차례에 걸쳐 나머지 2만 4천 원에 해당되는 현금이든 물자든 납부해야 하는데, 어떤 경우든 자본금 3만원의 30%인 9천 원은 필히 현금으로 구성되어 있어야 한다는 것이다.

위의 규정에 따르면 그가 현재 갖고 있는 만 원의 돈은 친구와 함께 유한회사를 설립하기에는 충분한 돈이라 할 수 있다. 하지만 만약 일인(一人)의 개인회사를 설립하려면 규정상 적어도 10만 원 이상을 투자하여야 하며, 회사

설립 시 한번에 그 돈을 납부해야 한다. 張(장)이 갖고 있는 만 원으로는 개인회사를 도저히 설립할 수 없는 액수인 것이다. 법률에서 이와 같이 규정하고 있는 주된 이유는 한 개인이 단독 주주인 회사는 회사의 자산을 감독하는 것이 사실상 불가능하기 때문이다. 그래서 회사의 채권인을 보호하려면 개인회사에 대한 자본의 요구는 다소 높을 수밖에 없는 것이다.

(三) 주식회사 설립 자본에 대한 요구는 비교적 높다

만약 주식회사를 설립하려면 최소한의 자본금은 인민폐 500만 원 이상이어야 하는데, 다음과 같이 두 가지 경우가 있다.

첫째, 발기인(發起人)들에 의한 설립이다. 만약 설립하려는 회사가 대외적으로 주식을 공모하지 않고 전체 자본금을 발기인들이 출자하면 이를 발기설립(發起設立)이라 한다. 발기인은 최소한 두 사람 이상이고, 200명은 초과할 수 없다. 전체 발기인의 최초 투자액은 등록 자본의 20% 이상이어야 한다. 나머지는 발기인들이 2년 이내에 납부하면 된다. 발기인 중 반 수 이상은 중국 내에 주소를 갖고 있어야 한다.

둘째로, 공모주(公募株) 설립이다. 만약 회사의 발기인들이 일부분을 출자하고 나머지 자금은 공개적으로 주식을 발행해서 자본을 끌어들인다면, 이런 방식을 공모주 설립이라 한다. 공모주 설립은 회사를 설립할 때 회사 자본을 충분히 모아야 한다. 즉 자본이 전부 들어와 있어야 한다. 예를 들어 회사의 등록 자본이 천 만 원이라 한다면, 회사 설립 시 공상행정관리(工商行政管理) 부서에 천 만 원의 자본이 이미 회사에 들어와 있음을 증명해야 한다.

만약 상해증권교역소 또는 심천(深圳)증권교역소에 상정해서 주식을 발행하려면 주식회사의 실제자본 등에 관한 요건은 증권교역소 규정에 부합되어야 한다. 다음은 상해증권교역소의 예이다. 상해증권교역소에서는 주식회사가 처음 인민폐(人民幣)로 거래되는 A주식(중국어로 A股라 한다)을 발행할 때 다음과 같은 조건을 요구한다.

1. 회사의 기구와 제도가 완비되어 있어야 한다. 주식 발행인은 주주총회 · 이사회 · 감사 · 독립이사 · 이사회 비서 등의 제도와 시스템을 갖추고 있어야 한다. 관련된 기구와 인원은 법 규정의 요건을 충족시켜야 한다. 회사에 건전한 제도가 있어야 하며 효과적으로 이를 집행할 수 있어야 한다.
2. 독립적인 능력을 갖고 있어야 한다. 상장한 회사는 완비된 업무 체계를 갖추고 있어야 하며, 시장에 대해 독립 경영의 능력을 갖고 있어야 한다. 회사 자산(資産)은 제대로 갖추어져 있어야 하고, 업무직원 · 재무(財務)인원 · 회사기구 등은 필히 독립적이어야 한다.
3. 금지된 동업종 경쟁 관계에 있으면 안 된다. 동업종 경

쟁은 경영의 업무 또는 생산품이 같거나 유사한 업종이기 때문에 경쟁관계에 처할 수 있음을 말한다. 상장하고자 하는 회사는 그 회사의 대주주나 실제 소유주 및 그들이 통제하는 다른 기업과 동업종 경쟁관계에 있으면 안 된다.

4. 불공정한 '관련교역(關聯交易)'이 있으면 안 된다. '관련교역'이란 상장된 회사가 대주주나 실제 소유주 및 그들이 통제하는 다른 기업과 교역하는 것을 말한다. 상장하고자 하는 회사는 이들 회사와 불공정한 교역이 있으면 안 된다. 회사는 충분히 그리고 숨김없이 관련교역에 대해 공개하여야 한다.
5. 재무 방면에서 다음과 같은 조건을 충족시켜야 한다. 주식을 발행하기 전 3년 동안의 누적 순이익이 인민폐 3천만 원을 초과해야 하며, 주식을 발행하기 전 3년 동안 누적된 순수 경영성 현금 이동이 인민폐 5천만 원을 초과해야 하거나 또는 누적된 영업수입이 3억 원 이상이어야 한다. 무형자산과 순자산의 비율이 20%를 넘어서는 안 되며, 과거 3년 동안의 재무보고서에 거짓 기재가 없어야 한다.
6. 총 주식 자본 및 소주주 주식분에 대한 규정은 다음과 같다: 공모 주식 발행 전 3천만 주 이상이 있어야 한다. 상장 주식회사의 주식 총액은 인민폐 5천만 원 이상이어야 하며 일반 대중들이 갖는 소주주들의 지분은 적어

도 25% 이상이어야 한다. 만약 발행 주식수가 4억 주를 넘으면 발행 비율은 낮출 수 있지만, 소주주들의 지분이 10% 미만이 되어서는 안 된다.

주식 발행인의 주식 권한에 대해 명확히 해야 한다. 대주주와 이의 지배하에 있는 주주, 실제 소유주 지배하의 주주들이 갖고 있는 주식에는 그 권한에 대한 중대한 분쟁의 소지가 있어서는 안 된다.

(四) 외국인 투자 기업의 자금

《중외합자경영기업법(中外合資經營企業法)》, 《중외합작경영기업법(中外合作經營企業法)》, 《외자기업법(外資企業法)》에는 외국인 투자 기업 설립 시 얼마의 등록자본이 필요한지 구체적으로 규정하고 있지는 않지만, 일반적인 외국인 투자기업은《회사법(중국명 公司法)》이 유한책임회사와 주식회사에 대해 규정하고 있는 자본금이면 될 것으로 보인다. 하지만 특별 업종에 관한 행정 규정에는 외국인 투자기업의 최저 등록 자본금에 대한 요구가 있다. 인민폐(人民幣)로 또는 같은 가치에 해당되는 외국화폐로 계산되는데, 예를 들면,

- 외자은행(外資銀行), 합자은행(合資銀行)의 최저 등록 자본: 인민폐 3억 원
- 합자여행사(合資旅行社)의 최저 등록 자본: 인민폐 250만 원

- 광고업에 종사하는 외국인 투자기업의 최저 등록 자본: 미화 30만 달러
- 합자(合資) 대외무역회사의 최저 등록 자본: 인민폐 5000만 원
- 국제 운송대리 합자기업(合資企業)의 최저 등록 자본: 미화 100만 달러
- 외국인 투자 보험회사의 최저 등록 자본: 인민폐 2억 원
- 인쇄업의 외국인 투자기업, 출판, 포장, 장식용 인쇄물 기업의 등록자본: 인민폐 1,000만 원 이상. 기타 인쇄와 관련된 업무를 다루는 기업의 등록 자본은 인민폐 500만 원 이상
- 성(省)과 성(省) 사이의 기초 전신(電信) 업무를 다루는 외국인 투자기업의 등록 자본은 인민폐 20억 원 이상이며, 성(省) 내의 기초 전신(電信) 업무를 다루는 외국인 투자기업은 인민폐 2억 원 이상

二. 외국인 투자 업종의 제한

중국의 개인 또는 법인이 중국에서 기업을 설립할 때 일단은 자금능력만 있으면 된다. 화공(化工) · 위생(衛生) · 금융(金融) 등 몇몇 특수 업종도 필요한 행정 허가를 받으면 회사를 설립할 수 있다.

중국의 개혁개방 이래 경제발전 · 자본역량의 확대 · 과

학기술 수준의 제고 등 각 방면에서 외국인 투자의 역할은 구태여 말할 필요가 없다. 하지만 어떠한 나라이든 외국인이 어떤 영역 내에서 투자할 수 있는가라는 문제에 직면할 때 어쩔 수 없이 자신의 경제역량의 균형, 민족경제의 발전, 본국의 경제 질서 안정과 경제발전의 안전 등 여러 방면의 상황을 고려하지 않을 수 없다. 때문에 중국국가발전개혁위원회(中國國家發展改革委員會)와 상무부(商務部)는 《외국인 투자산업 지침 목록(중국명: 外商投資産業指導目錄)》을 공포하였는데, 그 내용에는 외국인 투자를 장려하는 산업 목록, 외국인 투자를 제한하는 산업 목록, 외국인 투자를 금지하는 산업의 목록이 명시되어 있다. 외국인 투자를 제한하거나 금지하는 산업의 목록에는 다음과 같은 것이 포함되어 있다.

- 농림목축업(農林牧畜業)과 관련된 영역의 보호 또는 희귀 품종의 항목, 예를 들면 종자업(種子業), 목축업 등의 우량 유전자 항목, 세포 이식을 통한 식물 종자(種子)의 생산과 개발, 국가보호의 야생 동식물 자원개발, 동식물 자연보호구 내의 건설이나 경영, 금속의 탐사와 채굴, 방사성 광물질과 희귀 토양 자원의 탐사 채굴과 같은 희귀 광산물 자원 개발과 관련된 항목.
- 담배와 주류(酒類) 같은 높은 마진의 업종.
- 중국 전통 녹차(綠茶)나 특산차의 가공, 국가 보호자원에 편입된 한약재 가공, 상아조각이나 선지(宣紙) 생산

등 민족 전통과 관련된 업종.

- 의약업, 발암(發癌), 기형이나 돌연변이 유발 제품, 오염물질 산업, 도박, 포르노산업과 같이 공공생활 · 위생 · 건강과 관련된 항목.
- 교통, 배전(配電), 우정(郵政)과 같이 공공사업과 관련된 항목.
- 선물(先物)기업과 같이 금융이나 보험과 관련된 항목.
- 군사시설의 안전을 위해(危害)하는 항목, 무기탄약 제조업과 같이 국가안보와 관련된 산업.
- 문화와 교육 등 의식형태 영역에 관련되는 산업. 예를 들면 초등학교 · 중학교 등의 의무교육제 학교, 도서, 신문잡지의 출판 및 발행, 뉴스기구, 방송국 등이 이에 해당된다.

三. 기업 장소

기업은 업무장소가 있어야 한다. 그래야 효과적으로 경영활동을 할 수 있다. 기업을 등록할 때 기업의 건축물도 필히 등기해야 할 항목이다. 기업 소재지의 구역 · 면적 · 내부시설 등은 통상 기업의 능력과 믿음을 평가하는 중요한 요소들이다.

기업 건축물과 관련된 규정에 의하면, 모든 기업의 등록시 적법(適法)한 소재지가 있어야 하며, 이 소재지에는 국가가 인정하고, 상업적 기능과 용도를 갖춘 부동산을 갖고 있어야 한다. 중국의 건축물은 대체적으로 다음과 같이 몇 가지 유형으로 나눌 수 있다.

도시의 보통 주민들이 거주하는 주택, 오피스텔, 독립가옥, 점포, 생산과 업무를 볼 수 있는 건물 등이다. 농촌에서는 주로 농민 자신들의 농가, 농촌 집단 소유 토지 위에 세운 공장 또는 상업용 건물 등이다. 이들 건물 중 어떤 건축물이 기업의 영업장소로 쓸 수 있는지에 대해서 공상관리(工商管理) 부서의 비교적 엄격한 규정과 요구사항이 있다.

건축물의 성격상 무릇 국유 토지(중국의 모든 토지는 국가 소유임. 국민은 사용권만을 갖게 됨) 위에 세운 부동산이 상업용도의 건물로 등기가 되면 원칙적으로 기업의 소재지로 사용할 수 있다. 공장건물 · 상점 · 도로변의 건축물 혹은 일반 주민들이 거주하는 독립적 가옥이 없는 건축물들은 모두 기업의 소재지가 될 수 있다. 각급 호텔은 그 자체가 상업용도 건물로서 일종의 임대 업무를 수행하는 것이기 때문에 기업 소재지로 삼을 수 있다. 일반인 자신의 도로변 주택 또는 독립가옥이라도 과거에 상업용도 건축물로 등기되었다면 기업의 소재지로 삼을 수 있다. 집단 소유 토지위에 세운 농민들의 가옥이 공상(工商) 부서가 임시로 인정하고, 가옥의 안전과 마을 사람들에게 방해되지 않는다는 원칙에 부합이 되면 기업의 소재지로 삼을 수 있다.

중국의 부동산에는 비교적 특수한 형태의 건물이 있다. 즉 상업과 거주용 다용도 건물이다. 이런 종류의 건축물은 거주자 자신의 거주용 주택으로 쓸 수도 있고, 기업의 소재지로도 활용할 수 있다. 그래서 한동안 부동산 투자자들의 환영을 받았다. 가격 또는 임대료가 전문적인 오피스텔과 비교해서 상대적으로 저렴하기 때문에 소규모 회사가 기업의 소재지로 쓰기 위해 많이 찾았다.

중국은 현재 능력 있는 사람들이 투자를 하고 상업 활동에 종사하는 것을 격려하는 분위기이다. 그래서 어떤 경영 아이템들, 예를 들어 디자인이나 프린트 · 컴퓨터 수리 · 컨설팅 업무 등의 소규모 기업은 소음이나 오염을 발생시키지 않으며, 악취나 대량의 인원 이동이 없고, 이웃에서 특별한 이의가 없으면 공상관리 부서의 허가를 받아서 일반 거주자용 주택을 기업 소재지로 등록할 수 있게 하였다. 하지만 2007년부터 각 지역에서는 일반 거주자 주택을 기업 소재지로 등록하는 것을 금지시키기 시작했다. 이미 등록이 되어 있는 기업의 경우에는 계속해서 영업할 수 있다.

별장과 같은 독립 건축물은 상대적으로 독립적이기 때문에 이웃에 피해를 주지 않는다는 특징이 있다. 비록 상업용도로 등기가 되어 있지 않아도 중국에서는 공상관리 부서의 인가를 거쳐 기업 소재지로 삼을 수 있다. 특히 기업의 소유주이면서 동시에 그 건물의 주인일 경우 그러한 경우가 많다.

기업이 소재지를 선택할 때 통상 자기 소유와 임대 두 가지 중에서 선택하게 된다. 만약 기업의 자금이 비교적 넉넉하고 경영이 안정되어 있으면, 중국의 기업들은 자신의 건물을 사서 기업의 소재지로 삼는 경우가 많다. 중국 현 단계의 부동산업은 투자 가치가 높고, 자신의 건축물이 있으면 임대료 및 임대료 상승 등과 같은 압력에서 자유로울 수가 있기 때문이다. 구입하는 건물은 당연히 상업용도의 공장이나 점포 · 오피스텔 · 복합상가 또는 기업소재지로 등록할 수 있는 독립건축물 등이어야 한다.

중국정부가 토지에 대한 사용권을 건물을 짓고자 하는 개발상에게 판매할 때, 상업용 토지와 건축물로 쓴다는 정부의 허가서를 요구한다. 단지 구두 설명만으로는 부족하다. 최근 몇 년 동안 중국 부동산 가격의 급격한 상승은 사회안정에 영향을 줄만큼 심각한 상황이다. 상해시의 육가취(陸家嘴) 지역에서는 새로 건축되는 보통 주택의 시세가 1평방미터 당 인민폐 12만 원(한국돈 약 1,800만 원)에 달한다. 인근의 상업용 건물도 하늘 높은 줄 모르고 가격이 뛰고 있다. 북경시 중심지의 보통 주택도 이미 1평방미터 당 인민폐 2만 원을 돌파하였으며, 상업용 건물의 가격은 두 배 또는 그 이상을 부른다.

중국의 많은 도시에서 부동산 가격은 사람들이 가장 관심을 갖고 걱정하는 문제가 되었다. 기업들이 상업용 건물을 사들일 때 만약 은행 대출을 통해 사게 되면 높은 가격에 대한 원금 상환과 은행 이자의 압력을 견디기 힘든 경우가 많다. 보통 주택이건 혹은 상업용 건물이건 지나치게 오르는 부동산 가격으로 중국에는 '방노(房奴, 부동산 노예)'라는 단어도 생겼다. 은행 대출을 통해 비싼 부동산을 구입한 사람들은 자기 자신이 살 집이건 투자용이건 상환 압력으로 인해 부동산에 발목 잡힌 노예와 같은 스트레스를 받아서 생긴 단어이다.

외국 기관이나 외국 개인이 중국에서 부동산을 사는 경우가 점차로 많아지고 있다. 처음에는 별다른 제한이 없었으며, 이에 관한 규정도 없어서 시장질서가 다소 혼란스러웠다. 하지만 중국은 토지 자원이 부족한 국가이다. 게다가 인구는 많은 대국이어서 사람과 토지 사이의 모순이 상당하다. 그래서 중국정부는 일련의 조치를 취해서 부동산 시장을 안정시키고자 외국의 기관이나 개인이 부동산을 사고파는 행위를 금지시켰다. 그래서 외국자금이 중국에서 부동산 구매하는 조건을 제한하기 시작하였다.

2006년 8월, 국무원의 의결을 거쳐 건설부 · 상무부 · 발전개혁위원회 · 공상행정관리총국 · 인민은행 · 외환국 등 6개 부서는 연합으로《외국자본의 부동산시장 진입과 관리 규정에 관한 의견(關于規範房地産市場外資進入和管理的意見)》을 공포하여 중국에서 부동산을 구입하는 외국기관은 필히 중국 내에 1년 이상 지난 지점(支店)이나 대표기구가 있어야 하며, 외국인 개인은 중국 내에서 1년 이상 근무하였거나 학습을 한 사람이어야 하고, 또한 실명제를 사용하여 구매자의 실제 신분과 이름 또는 명칭을 사용하여야 한다고 규정하고 있다. 그리고 구매한 부동산은 자신이 사용하여야 한다. 즉 투자 또는 임대용으로 쓸 수 없음을 규정하고 있다. 때문에 외국 기관 또는 개인이 부동산을 구매할 때에는 다음과 같은 것을 제시해야 한다:

– 기관 자체와 관련된 유효한 증명서 또는 여권
– 중국에 지점 또는 대표기구를 설립하였다는 증명서 또는 개인의 '국외자(國外者) 중국 내 거류 상황 증명서'
– 구매하고자 하는 부동산이 자신이 사용하고 자신이 거주할 목적이라는 서면상의 서약서 등이다.

중국에 대한 투자자로서 상업용 건물을 구매하는 주체는 개인이어도 좋고 법인이어도 좋다. 외국인의 정상적인 투자와 업무에 필요한 상업용 건물을 구매하는 것은 중국에서는 아직 아무런 문제가 없다.

기업들의 소재지는 임대하는 경우가 많다. 이렇게 함으로써 기업 발전 초기 단계의 투자금을 절약할 수 있다. 거대한 규모의 상업용 건물과 관리 및 업무에 쾌적한 공간, 고급스러운 호텔 등도 기업의 소재지로서 필요한 조건들이다. 고급스러운 상용건물을 임대할 능력이 있다는 것은 기업의 실력을 나타내는 것이고, 또한 이러한 건물들은 입주한 기업들이 상대적으로 많기 때문에 정보 전달이 매우 빠르다. 객관적으로도 기업 발전에 유리하다. 때문에 고급스러운 상용건물들은 특히 대도시에 주로 몰려 있으며, 임대율도 상당히 높은 편이다.

중국에서 기업이 들어설 건물을 임대할 때 주의해야 할 문제점으로 다음과 같은 것들이 있다.

1. 임대할 장소나 건물이 상업용 용도인지 또는 건물주가 이곳을 기업 소재지로 등록할 수 있는 것을 보장할 수 있는지를 확인해야 한다.
2. 화학공업 · 식료품업 · 인쇄업 · 요식업(料食業) · 오락 · 음향 · 출판 등 환경보호나 기타 주민에게 영향을 줄 수 있거나, 또는 국가가 엄격히 통제하는 업종에 대해서 공상관리 부서에서는 사전에 정부허가를 받을 것을 요구하고 있다. 허가 사항에는 다음과 같이 포함된다. 위생허가, 종사자들의 건강증명서, 환경보호 평가서, 소방 평가서, 특정 업종의 경영허가서 등등이다. 계약을 체결하기 전에 건물주가 사전에 관련된 인증이나 평가(특히 생산라인이 있는 공장)를 받았는지를 충분히 조사하거나 요구해야 한다. 동시에 일단 평가나 인정을 받지 못 하였을 경우 쌍방이 져야할 책임부분에 대해 약정해야 한다.
3. 중국 부동산 임대료의 지불방식은 한국과는 다소 다르다. 한국에서는 비교적 많은 보증금이 필요하지만, 중국에서 상용건물의 임대 보증금은 단지 1~2개월 치의

임대료 정도이다. 임대기간이 끝날 때 보증금은 건물의 시설이 제대로 보존되어 있고 수도 · 전기 등 각 항목의 비용이 깨끗이 정산된다는 전제하에 임차인에게 환급된다. 임대료를 내는 방식도 비교적 융통성이 있다. 일반적으로 매 3개월마다 한 번씩 지불하기도 하고, 반년에 한 번 또는 1년에 한 번 등 각종의 지불방식이 있다.

附表1: 외국인 취업 신청표 양식

外國人就業申請表

Application Form for Foreigner's Employment in China

申辦單位全称： Full name of employer:			照　片 Photo
聘用單位地址： Business address:			
中文名： Name in Chinese:	外文名： Name in native language:		
國籍： Nationality:	性別： Sex:		
出生日期和地点： Date and place of birth:			
護照种類： Type of passport:	護照号碼： Passpot No:	簽發日期: Date of issued:	有效期限　年 月 日 Valid until:　YY MM DD
受聘職務： Position:		聘用期限：　年 月 日 Duration of employment:　YY MM DD	
文化程度： Education:	婚姻狀况： Marital Status:	健康狀况： Health condition:	
有否在中國就業的經歷： Worked in China before:			
來中國前從事的職業： The previous profession before coming to China:			
法定代表人姓名： Name of the Employer:	企業類型: Property sort:		注册資本: Registered capital:
聯系人： Contact:	聯系電話： Contacting phone number:		郵編： Zip codc:
申辦單位： Applied by: (公章) (seal)	行業主管部門： Authority: (公章) (seal)		審批机關： Approved by: 經辦人： Transactor: 核准人： People of ratify:
就業許可証号碼： Employment License No.		有效期：　年 月 日 Valid until　YY MM DD	
說明： 1、本表用鋼筆中文塡寫（外文名按護照寫）。 2、表中"審批机關"、"就業許可証号碼"、"有效期限"三欄由審批机關塡寫，申辦單位不要塡寫。 3、无行業主管部門的單位，只須加盖申辦單位公章。 4、本表不能复印。		Further explanations: 1. This form should be filled in Chinese with fountain pen (English name must be filled according to the passprot). 2. "Approved by","Employment License No.",and "Valid until" MUST be filled by the approval Organization. 3. For those employers that has no "Authority",only the "Applied by" part should be sealed. 4、This form could not be photocopied.	
受理日期： Acceptea:		批准日期： Date of approve:	

중국의 기업문화

초판인쇄 | 2008년 9월 22일
초판발행 | 2008년 9월 30일
지 은 이 | 리우졘화(劉劍驊)
번 역 | 장범성
발 행 인 | 이영선
발 행 처 | 한림대학교 출판부
출 판 사 | 정은출판
주 소 | 강원도 춘천시 옥천동 한림대길 39
출판등록 | 제48호(1983.3.10)
전 화 | 033-248-1000(代), 033-248-2875-6
팩 스 | 033-248-2879
e－mail | press@hallym.ac.kr

ISBN : 978-89-87086-96-5 03300

정가 : 10,000원

잘못된 책은 언제나 교환하여 드립니다.
본서는 2008년도 한림대학교 출판부의 지원으로 출판됩니다.